Michel Fraisset

Impressions
Aix-en-Provence

Photographies de Christophe Duranti

E&C

www.etudes-communication.com

ISBN 978-2-911722-44-8
EAN 9782911722448
© Etudes & Communication Editions - 2007
ESPARON F-30120 BEZ-ET-ESPARON
Tous droits réservés pour tous pays

Le Code de la propriété intellectuelle interdit les copies ou reproductions destinées à une utilisation collective. Toute représentation ou reproduction intégrale ou partielle faite par quelque procédé que ce soit, sans le consentement de l'auteur ou de leurs ayants cause, est illicite et constitue une contrefaçon sanctionnée par les articles L. 335-2 et suivants du Code de la propriété intellectuelle.

INTRODUCTION

Aix-en-Provence est fille de l'eau. Non pas de l'eau remuante et tumultueuse de la mer ou des fleuves mais de l'eau paisible et murmurante des sources et des fontaines. C'est à ces sources que la ville doit ses origines et son nom. Un consul romain, Caïus Sextius Calvinus, s'y désaltéra, victorieux, après le long combat qui l'opposa aux Salyens. Ces premiers peuples celto-ligures avaient trouvé bien avant les Romains des vertus à ces eaux. En boire permettait aux femmes enceintes d'accoucher des plus beaux enfants du monde, et des plus forts aussi, qui tinrent tête aux légions envoyées par Rome. Aix a du caractère et de la noblesse. Sa devise : « Issue d'un sang noble » nous le rappelle. Après les Salyens puis les Romains, les comtes de Provence en firent leur capitale. Pour embellir leur ville, ils appelèrent les meilleurs artistes, venus d'Italie, des Flandres et de Paris, qui permirent l'émergence de talents locaux. Nombreuses sont les dynasties d'architectes, de peintres et de sculpteurs, les Vallon, les Daret, les Veyrier qui firent souche dans la capitale provençale. Avec eux, Aix devint la reine de la douce Provence.

Partout, églises, chapelles et couvents, hôtels particuliers, pavillons et bastides offrent leur magnificence à nos yeux émerveillés. Quel miracle est à l'origine de tant de beauté ? Quelles fées ou quelles muses se sont penchées sur le berceau aixois ? Car Aix cumule les talents ; elle aussi belle que douée, et les facultés établies sur son sol depuis le XVe siècle en témoignent. Serait-elle aussi éternellement jeune ? Cinq siècles plus tard, les presque 40 000 étudiants qu'elle accueille en font une ville particulièrement vivante et dynamique. Il n'y a pas de dimanche « déprime » à Aix-en-Provence. La ville sans cesse animée rassure le visiteur qui sent battre son cœur. Dès l'aube la vie reprend ses droits, les terrasses des cafés ne désemplissent plus. On y prend son petit déjeuner, on vient boire son apéritif, on y revient pour le café puis à nouveau pour le pastis du soir. Certaines mauvaises langues vont jusqu'à dire que les deux seuls aixois qui

Atlante du Pavillon de Vendôme

ne sont pas assis en terrasse sur le cours Mirabeau, sont les deux malheureux atlantes de pierre qui portent depuis le XVIIe siècle le balcon de l'hôtel Maurel de Pontevès.

En quittant la noble artère aux belles façades d'hôtels particuliers, ombragée de platanes séculaires, deux possibilités de parcours s'offrent à nos pas. La première nous conduira vers la ville comtale, avec ses ruelles étroites et ses places qui aèrent le parcellaire médiéval. Là autour du palais de justice et de la prison, de la halle aux grains et de l'Hôtel de Ville, trois fois par semaine, les mardis, jeudis et samedis le grand marché donne à Aix des allures de ville méditerranéenne. Tout se vend, tout s'achète à ciel ouvert : fripes et brocante, fruits et légumes, fleurs, épices, fromages de chèvres, huiles et vins du pays. Une vraie fête des sens, pour les amoureux d'authenticité. Toute la Provence se donne ces jours-là rendez-vous à Aix, sa capitale.

Mais si vous préférez le calme et la douceur de vivre, retraversez le cours Mirabeau pour rejoindre, au sud, le quartier Mazarin. Là, le temps a suspendu son cours. Les vieilles demeures aristocratiques sont là pour nous rappeler la splendeur passée de la ville, siège des comtes puis des gouverneurs, du Parlement et de la Cour des Comptes. La noblesse de robe y a rivalisé avec la noblesse d'épée pour construire ses plus belles demeures : hôtels de Caumont, de Gastaud, de Boisgelin, de Villeneuve d'Ansouis, d'Olivari... Au cœur de ce quartier au plan en damier, une petite fontaine baroque, la fontaine des quatre

Balcon de l'hôtel Maurel de Pontevès
Hôtel Villeneuve d'Ansouis
Jardins de la Bougerelle

dauphins, symbolise à elle seule Aix-en-Provence, toute en grâce et harmonie. Cette vie, ce cadre exceptionnel à la ville comme à la campagne, ont inspiré de nombreux artistes : Paul Cézanne et Darius Milhaud, André Masson et Pierre Tal-Coat s'en sont nourris. Picasso a choisi de s'installer au pied de Sainte-Victoire, en achetant le château de Vauvenargues. Aux portes de la ville, la campagne aixoise prend des airs de Toscane. Oliviers, amandiers, pins, vignes et cyprès jouent toute la gamme des verts, du plus tendre au plus foncé. La saison qui y règne est un printemps permanent. Même aux heures les plus chaudes de l'été, l'ombre salutaire d'un grand pin ou d'un figuier rafraîchit le promeneur téméraire. Partout des sources, des ruisseaux, alimentent les bassins des bastides. Là, aux portes de la ville, dans leur écrin de verdure, de magnifiques joyaux de pierre, les bastides aixoises évoquent le cadre de vie campagnard des aristocrates de l'Ancien Régime. La Gaude, la Mignarde, la Pioline, Lenfant et bien d'autres, portent le nom de leurs heureux propriétaires, comme pour célébrer l'union des hommes et de leur terre. Cézanne disait : « quand on est né là-bas, c'est foutu, rien ne vous dit plus ». S'il est le seul à avoir su restituer l'âme de ce pays, tous ceux qui s'y arrêtent pour un jour ou une vie, savent qu'il avait raison.

Cours Mirabeau, fontaine des 9 Canons
Vieilles façades colorées de terres d'ocre
Ancienne prison (cour d'Appel)

Aix au fil du temps

Entre le VIIe et le Ier siècle av. J.-C. les habitats de hauteurs, naturellement fortifiés se développent entre Sainte-Victoire et l'étang de Berre. Ils ont laissé leurs traces au Baou-Roux, à Constantine, à Saint-Antonin, à Pierredon ou à Bramefan. Le géographe grec Strabon nomme les habitants de ces premiers villages : ce sont les Salyens dont le territoire s'étend jusqu'à la Durance. Au cœur de cette région, le site d'Entremont occupe une place privilégiée. L'oppidum aurait été à la fois capitale administrative, politique et religieuse de la confédération salyenne. Cette puissance celto-ligure n'allait pas tarder à entrer en conflit avec Massalia, la grecque. Deux cultures s'opposent sur un même terrain économique. Marseille souffre de ce voisinage et fait appel à la protection de Rome.

125 av. J.-C. Marcus Fulvius Flaccus est envoyé avec ses légions au secours des Marseillais dont les Gaulois Salluvii ravagent le territoire. Il lui fallut deux campagnes et l'aide du nouveau consul Caius Sextius Calvinus pour venir à bout de « la ville des Gaulois » située au sommet du plateau d'Entremont.

124 av. J.-C. Le proconsul romain C. Sextius Calvinus prend d'assaut Entremont après un bombardement intense de catapultes. Tous les rescapés sont réduits en esclavage, à l'exception de Craton, un protégé des Marseillais et de 900 de ses amis. Le roi Teutomalus et quelques chefs locaux trouvent leur salut dans la fuite et se réfugient chez les Allobroges.

122 av. J.-C. Après le siège, la prise et la destruction de la ville celto-ligure, Caïus Sextius Calvinus fonde « Aquae Sextiae Salluviorum ».
La date de la fondation d'Aix-en-Provence, 122 avant notre ère, nous est révélée par la Chronique de Cassiodore : « Sous les consulats de Cneius Domitius et C. Fannius (l'an 632 de Rome, soit – 122), Caius Sextius fonda dans les Gaules une ville, où sont les eaux sextiennes ».
Le nom de baptême de la cité fait référence aux eaux chaudes et froides abondantes dans la plaine qui accueille officiellement les premiers Romains de Gaule.

102 av. J.-C. Vingt ans après sa création, la jeune cité est à nouveau mentionnée par Tite-Live qui situe près d'*Aquae Sextiae* les deux combats livrés en 102 av. J.-C. par Marius qui anéantit ses ennemis, Cimbres et Teutons. 200 000 hommes meurent sur le champ de bataille.
Plutarque nous apprend que Marius, reconnaissant, offre un sacrifice solennel aux dieux protecteurs des romains, qu'il élève ensuite un monument triomphal sur le champ de bataille et appelle la montagne au pied

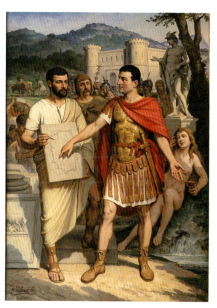

Fondation d'Aix par C. Sextius Calvinus, salle des États de Provence, Hôtel de Ville
La Rotonde

de laquelle la victoire a été remportée : *Rupes Victoriae*, aujourd'hui Sainte-Victoire. Après la victoire de Marius contre les Teutons en 102 av. J.-C., Aix se développe.

Au Ier siècle ap. J.-C. Pline mentionne « *Aquae Sextiae Salluvorium* », ce qui confirme la présence d'une population indigène, de Salyens, dans la nouvelle ville romaine.
La cité élevée au rang de colonie romaine devient *Colonia Julia Augusta Aquae Sextiae*. Elle connaît un essor urbain et thermal considérable et s'orne de monuments d'apparat, à l'instar d'Arles ou de Nîmes : enceinte fortifiée avec portes monumentales, théâtre, thermes, basilique, temples, forum et somptueuses maisons (jardin de Grassi) dessinent le profil de la ville traversée par la voie aurélienne.

Au IIIe siècle Aix présente les signes d'un premier déclin suite à l'invasion des Alamans et des Francs.

Au IVe siècle d'abord simple cité de la province romaine de Narbonnaise, Aix, devient grâce à des modifications de la carte administrative de l'Empire, capitale de la Narbonnaise seconde, puis métropole ecclésiastique, siège d'un archevêché dès la fin du IVe siècle. Au premier évêque connu, Lazarus, succède Basilius à qui l'on doit la construction d'un groupe épiscopal important. L'église Notre-Dame du Siège ou de la Seds, citée à partir de 1249, conserverait dans son nom le souvenir de ce premier siège épiscopal (hypothèse que l'archéologie n'a pas pour l'instant confirmé), établi dans ce quartier isolé de la ville romaine avant son transfert, un siècle plus tard au cœur du bourg Saint-Sauveur.

Aux Ve et VIe siècles Après les invasions des Wisigoths puis des Lombards, la ville se redessine à l'instar des grandes cités provençales. Les grands monuments sont détruits ou servent de carrière. La cathédrale est construite sur l'emplacement de l'ancien forum romain dont huit colonnes du portique sont réutilisées dans la construction du baptistère paléochrétien.

En 960, les derniers « envahisseurs » de Provence, les Sarrasins, sont vaincus par Guillaume II le Libérateur qui rétablit la sécurité dans le comté. Guillaume, comte d'Arles, est la tige des comtes provençaux de la première dynastie qui préside aux destinés de la Provence pendant tout le XIe siècle. Le roi Conrad lui lègue ses droits régaliens et Guillaume se proclame

Musée Granet, tête de guerrier
Oppidum d'Entremont, anciens fours

marquis de Provence. Aix connaît une première renaissance. Autour de la cathédrale, de sa nef préromane et de son premier cloître se développe le Bourg Saint-Sauveur.

À la fin du XIe siècle, cette première dynastie comtale n'est plus représentée que par des femmes, Emma, Alix et Douce qui par mariage transmettent leurs droits indivis sur la Marche de Provence à des familles étrangères à la région : Ainsi apparaissent les nouvelles dynasties régnantes : les comtes de Provence-Toulouse, de Forcalquier et de Provence-Barcelone.
Les souverains catalans vont présider aux destinées du comté de Provence jusqu'en 1245.

À partir de 1182, les comtes de Provence de la Maison de Barcelone choisissent Aix comme capitale et construisent leur palais comtal autour de la porte fortifiée qui s'élevait jadis au sud-est de la ville romaine. Les comtes mécènes contribuent à l'embellissement de leur capitale : un nouveau cloître et une nef romane pour la cathédrale, des remparts pour protéger les trois quartiers de la ville : le bourg Saint-Sauveur, la ville comtale et la ville « des Tours » qui se développe extra-muros autour de Notre-Dame de la Seds.

Entre 1138 et 1192, les Hospitaliers de Saint-Jean de Jérusalem installent leur couvent à l'extérieur de la ville, sur le chemin d'Italie.

En 1245 s'éteint le dernier comte catalan de Provence, Raymond-Bérenger V. Des quatre filles qu'il avait eues avec Béatrice de Savoie, les trois premières

étaient mariées : Marguerite au roi de France Louis IX, Eléonore au roi d'Angleterre Henri III, Sanche au frère de ce dernier, Richard, duc de Cornouailles. Dotées, elles n'avaient aucun droit sur le comté de Provence qui revint à la dernière des filles, Béatrice. En 1246, la comtesse de Provence épouse Charles Ier, duc d'Anjou, frère du roi de France, Louis IX.

Au XIVe siècle, Aix connaît un nouveau déclin avec la Guerre de Cent Ans, la peste noire (1348) et les guerres de succession de la Reine Jeanne. La Provence allait traverser une des plus graves crises de son histoire. Sur fond de peste et de famines la guerre fait rage et déstabilise le pouvoir comtal représenté par une femme. La reine Jeanne I (1343-1382) est au cœur de la tourmente. Elle sera toute sa vie poursuivie par l'assassinat de son premier mari, André de Hongrie qui est étranglé à ses côtés dans la nuit du 18 septembre 1345. Sans attendre, elle épouse son cousin, Louis de Tarente. Sa culpabilité ne faisant désormais

Le roi René
Le couronnement de Boson, salle des États de Provence, Hôtel de Ville
Tourreluque

Beffroi de l'Hôtel de Ville
Vue sur la cathédrale Saint-Sauveur

plus de doute, partisans et adversaires de la reine allaient s'affronter sans relâche.

En 1380, après quatre mariages sans enfant, Jeanne déshérite son cousin, Charles de Duras et adopte le cynique et ambitieux gouverneur du Languedoc, Louis d'Anjou, frère du roi de France, Charles V. Le premier comte de Provence de la deuxième maison d'Anjou, est immédiatement contesté par les communautés membres de l'Union d'Aix qui se prononcent en faveur de Charles de Duras et du Pape de Rome. La guerre de succession de la reine Jeanne ensanglante la Provence. Louis I meurt en 1384 et son épouse, Marie de Blois, assure la régence pendant la minorité de Louis II. Elle réussit à imposer la nouvelle dynastie comtale et à restaurer la paix.

En 1409, l'Université d'Aix avec ses trois facultés : Jurisprudence, Théologie et Médecine, est établie par une bulle du pape Alexandre VI, et confirmée en 1413 par lettres patentes du comte de Provence Louis II.

En 1434, à la mort de Louis III, son frère René lui succède. Le dernier comte de Provence, protecteur des Arts séjourne régulièrement dans sa capitale provençale. Il embellit le château comtal, achève la construction de la cathédrale, projette le premier grand chantier d'urbanisme de la ville. Aix devient à l'instar d'Avignon un important foyer de création artistique où travaillent le sculpteur Jean Guiramand (portes de la cathédrale Saint-Sauveur) et le peintre Nicolas Froment (triptyque du Buisson Ardent, dans la cathédrale Saint-Sauveur).

En 1481, après le court règne de Charles III du Maine, la Provence devient française.

Le XVIe siècle est profondément marqué par les guerres impériales (1524-1529-1536), les guerres de Religion (1545 – Édit de Mérindol) et les guerres de la Ligue.

En 1501, le Parlement de Provence, cour souveraine de justice, créé par le roi de France, Louis XII, entend défendre les privilèges provençaux face à la politique centralisatrice des rois de France.

En 1516, Aix fête la venue en ses murs du roi de France François Ier mais se réjouira moins de celle de Charles Quint qui envahira la Provence quelques années plus tard.

Le 9 août 1536, l'empereur du Saint Empire Romain Germanique y fait son entrée en véritable conquérant, dans une ville désertée par ses notables. Logé à l'archevêché, il se fait couronner roi d'Arles par l'archevêque de Nice, Jérôme d'Arsagis. Avant de quitter la capitale provençale, il fait incendier les archives, espérant ainsi détruire les titres des rois de France sur la Provence et le comté de Nice. Fort heureusement, ces précieux documents avaient été transportés aux Baux, dès l'annonce de l'invasion impériale.

En 1580, l'épidémie de peste fait des ravages. Le Parlement, les tribunaux, les consuls fuient la ville. Parmi ceux qui soignent les pestiférés, un ermite du nom de Valéry est dans un premier temps vénéré avant d'être condamné, le 23 décembre 1588, par le Parlement à être brûlé vif sur la place des Prêcheurs. On l'accuse, entre autres maux, d'avoir entretenu la peste en Provence par ses sortilèges et maléfices. Après la peste, les troubles de la Ligue ensanglantent la ville et la région. Plutôt que de reconnaître le roi de France Henri III, les Ligueurs provençaux, poussés par l'intrigante comtesse de Sault, traitent avec le duc de Savoie.

En 1593, Aix qui a choisi le parti des Ligueurs, est assiégée par le duc d'Epernon qui établit son camp sur les hauteurs de Saint-Eutrope, au nord de la ville. Pour répondre à ses canons, des pièces d'artillerie sont installées sur les terrasses et clocher de la cathédrale. Malgré l'abjuration d'Henri IV et l'annonce d'une trêve de trois mois, le duc d'Epernon continue ses hostilités.

En 1620, une nouvelle épidémie de peste provoque 12 000 morts. Quatre religieux, le consul François Borily et l'assesseur Martelly prodiguent des soins aux malades. Pour éviter la propagation du fléau et éviter tout rassemblement dans des lieux clos des oratoires sont installés aux angles des maisons dans les rues. Leurs niches abritent des statues de la Vierge à l'enfant ou de saints protecteurs.

En 1622, suite au passage de Louis XIII, puis en 1660 avec le séjour de Louis XIV en ses murs la ville rebelle, opposée dans un premier temps à la politique

Place des Tanneurs
Fontaine de l'Hôtel de Ville
Mirabeau par Joseph Boze, musée Granet

centralisatrice menée par Richelieu puis par Mazarin, deviendra ville courtisane avec l'arrivée du nouveau gouverneur de Provence, Louis de Mercœur, duc de Vendôme (1653).

Le XVII siècle marque l'apogée de la capitale provençale, siège des gouverneurs. La ville s'agrandit avec la création de nouveaux quartiers : Villeneuve (1583), Villeverte (1602), Mazarin (1646) et s'embellit avec la construction d'édifices religieux (nef baroque de la cathédrale Saint-Sauveur, Jésuites, Visitandines, Ursulines...), d'hôtels particuliers et de « folies » (pavillon de Vendôme, hôtel de Forbin, hôtel de Boisgelin, hôtel de Boyer d'Eguilles, hôtel de Maurel de Pontevès...) ou de monuments publics (halle aux Grains, Hôtel de Ville...).
Entre la vieille ville et le nouveau quartier

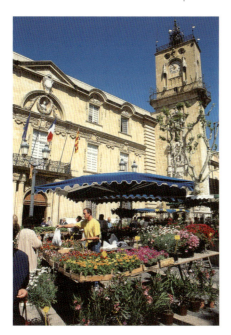

Mazarin, le cours à carrosses, aménagé entre 1649 et 1651 s'impose comme la vitrine de l'élégance aixoise.

Le XVIII siècle continue l'œuvre d'embellissement de la ville, qualifiée de « petit Versailles ». On construit les derniers hôtels particuliers du cours ; ceux du quartier Mazarin et de la vieille ville sont remis au goût du jour (hôtel de Caumont, hôtel d'Albertas, hôtel de Villeneuve d'Ansouis...). Aux lignes droites du Baroque, les architectes préfèrent les courbes symboles de grâce et de féminité. La place d'Albertas ouverte face à l'hôtel particulier du marquis, président de la Cour des Comptes, en est la parfaite illustration.

En 1789, Mirabeau exclu par la noblesse est élu comme candidat du tiers-état aux Etats Généraux. Avec l'abolition des privilèges, Aix perd son rôle de capitale régionale. À la veille de la Révolution, Aix compte 25 800 habitants.

En 1800, la ville devient sous-préfecture du département des Bouches-du-Rhône. La « belle » sombrera dans un sommeil à peine dérangé par l'édification de la fontaine du roi René, en haut du cours (1819) et de la fontaine de la Rotonde, en bas du cours (1860) et par l'achèvement du palais de Justice (1831).
Si Aix passe à côté de la révolution industrielle, elle affirme cependant son rôle culturel et universitaire avec l'installation des facultés de droit (1806) et de lettres (1846), des écoles normales de garçons et de filles et de l'école nationale des Arts et Métiers (1843).

En 1839, elle voit naître un de ses plus illustres enfants, le peintre Paul Cézanne. Elle adopte en son sein le jeune Émile Zola qui puisera dans ses souvenirs aixois le décor de Plassans, berceau des Rougon-Macquart.

En 1866, on dénombre 14 000 logements. Sur l'emplacement des remparts détruits sont aménagés les cours-boulevards qui entourent le centre historique.

Pavillon Noir
Place de l'Hôtel de ville
Atelier de Cézanne

Le XXᵉ siècle est marqué par une forte croissance démographique : 54 000 habitants en 1954, 75 000 en 1962, 120 000 en 1980, 137 067 en 1999, qui va de pair avec la création de nouveaux quartiers : ZUP d'Encagnane, ZAC du Jas de Bouffan et la mise en chantier du plus grand projet d'urbanisme aixois de ce siècle : Sextius-Mirabeau.

Avec l'installation de la cour d'appel dans une architecture de métal et de verre en plein cœur de l'ancienne prison, l'ex-ville parlementaire confirme sa vocation de pôle juridique.

Pour fêter le jubilé de son festival d'art lyrique, Aix offre aux mélomanes du monde entier, le cadre prestigieux, entièrement rénové, du palais baroque de ses archevêques.

Elle participe aussi activement à la mise en valeur des sites cézanniens : l'atelier Cézanne, le Jas de Bouffan et les carrières de Bibémus.

Capitale culturelle, Aix l'est incontestablement. La cité du Livre, le Centre Chorégraphique National qui abrite le ballet Preljocaj, le théâtre du Jeu de Paume, le musée Granet et le Grand Théâtre de Provence du Pays d'Aix en sont les principaux fleurons.

Enfin, à l'orée du troisième millénaire, la « belle réveillée » prouve son talent de surdouée en étant une des premières villes de France en matière de croissance économique.

L'oppidum celto-ligure d'Entremont.

De la fin du IIIᵉ siècle à 123 av. J.-C., cet habitat de hauteur fortifié est la capitale du peuple celtique des Salyens. Le premier habitat, la ville haute, conçue en fonction d'un véritable plan d'urbanisme, s'étend sur 9 000 m². Ce site primitif, occupé dès la fin du IIIᵉ siècle av. J.-C. dessine un losange, protégé par un rempart flanqué de quatre tours carrées vers le nord. Au IIᵉ siècle av. J.-C., la ville s'agrandit, sort des limites de son premier rempart. La ville basse qui s'étend sur 2,6 hectares conserve des vestiges qui témoignent de sa vocation artisanale et commerciale : moulin à huile, jarres, amphores, pressoirs et fours, ateliers de verrerie et de métallurgie. Un nouveau rempart dont l'épaisseur atteint par endroits les 3,20 m, avec ses puissantes tours carrées aux angles arrondis protège l'ensemble de l'oppidum. Dans le prolongement de l'enceinte intérieure, un portique monumental abritait des crânes humains confirmant la pratique du redoutable culte des « têtes coupées ».

Le théâtre romain et son portique.

L'angle nord-ouest de la ville antique, correspondant à l'enclos actuel de Notre-Dame de la Seds, abritait de nombreux monuments publics qui furent réoccupés après l'époque romaine. C'est là que se dresse, au Moyen Âge, la ville des Tours qui fut le lieu de résidence des évêques d'Aix-en-Provence jusqu'à sa destruction à la fin du XIVᵉ siècle. Les fouilles réalisées en 1843-1844 par E. Rouard ont permis de dégager les vestiges du portique monumental avec ses colonnes surmontées de chapiteaux corinthiens qui précédait le théâtre. Conscient du potentiel de cette réserve

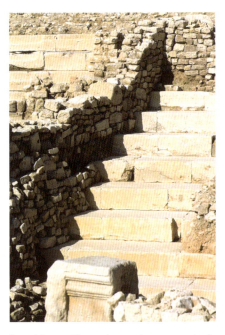

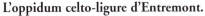

Oppidum d'Entremont (en bas à gauche) et Théâtre romain

archéologique, Fernand Benoît fait inscrire à l'Inventaire supplémentaire des Monuments Historiques le 9 novembre 1954, l'ensemble des parcelles concernées qui sont classées Monuments Historiques en 1963. Les fouilles archéologiques programmées en 2003 ont confirmé la présence d'un théâtre romain identique à ceux d'Arles et d'Orange.

Les thermes. Du Ier siècle av. J.-C. au VIIe siècle de notre ère, le secteur des thermes a connu une occupation ininterrompue. Dès l'origine ce secteur de la ville est organisé autour de voies nord-sud et est-ouest qui délimitent des îlots à vocation d'habitation. Plus au sud, se dresse un grand monument à portique, probablement un marché avec ses boutiques. Au Ier siècle de notre ère, le complexe thermal avec ses piscines et salle hypocauste s'installe autour d'une source d'eau chaude jaillissante. Les eaux d'Aix sont curatives. En témoigne l'ex-voto de Pompeia Antiopa au dieu celtique guérisseur Borbanus. Les thermes sont encore utilisés au Moyen Âge. La présence de bains publics est attestée en 1395. En 1704, l'architecte Laurent Vallon construit son « Bâtiment des Eaux Thermales » et ses annexes dont la rotonde qui abrite une fontaine publique. Agrandi au XIXe et XXe siècles, l'établissement thermal est complètement réorganisé à partir de 1991. Des fouilles préventives ont permis de mieux connaître ce site majeur de l'Antiquité. Les Thermes Sextius proposent aujourd'hui des cures d'hydrothérapie.

Les thermes

Le Bourg Saint-Sauveur

À l'époque romaine le périmètre urbain est très étendu. À l'intérieur de ses murs, la ville, centrée sur les thermes se développe autour des deux axes principaux du *cardo* (rue Gaston de Saporta) et du *decumanus maximus* (rue du Bon Pasteur). À la jonction de ces voies, une vaste place publique (place de l'Archevêché), entourée d'un portique à colonnes, dresse les façades de ses grands monuments. Après la chute de l'Empire romain et les invasions barbares, Aix se réduit, pendant le Haut Moyen Âge, à deux noyaux urbains séparés, l'un formé autour de la cathédrale, le bourg Saint-Sauveur, de plan ovale, l'autre, s'appuyant sur les deux tours romaines et le mausolée, transformés en forteresse, future résidence des comtes de Provence.

La cathédrale Saint-Sauveur

La plus ancienne des églises d'Aix est un des édifices les plus complexes de Provence. Chaque siècle, du Ve au XVIIe siècle, a marqué de son style les murs de cet ensemble monumental. Au pied d'un clocher qui nécessita plus d'un siècle de travaux (1323-1425), la diversité des façades, romane, gothique ou réemployant des pierres romaines annonce la complexité intérieure: un baptistère paléochrétien, trois nefs accolées: romane, gothique et baroque, et un cloître roman.

Une première église romane sous le vocable de Notre-Dame est construite à la fin du XIe siècle. Sa nef à trois travées couverte d'une charpente se dresse à l'ouest de la nef gothique qui l'englobe tout en conservant sa corniche et ses arcs de décharge. À la fin du XIIe siècle, une deuxième nef romane dédiée à Saint-Maximin se dresse au sud de la première. Son chœur est surmonté d'une coupole qui repose sur quatre trompes décorées des symboles des Évangélistes: Matthieu (homme ailé), Marc (lion ailé), Luc (taureau ailé), Jean (aigle). La nef Saint-Sauveur, de style gothique, commencée vers 1285 étire d'est en ouest ses voûtes d'ogives

L'archange Saint Michel

jusqu'à la dernière travée occidentale et la façade achevée en 1513. Au nord de ce long vaisseau de pierres, les architectes Jean et Laurent Vallon construisent en 1695 la nef baroque Notre-Dame de l'Espérance.

Sainte Marie-Madeleine

Les constructeurs du **baptistère** au Vᵉ siècle ont récupéré comme matériau de réemploi huit colonnes romaines à chapiteaux corinthiens provenant du portique de l'ancien forum voisin. La tour lanterne qui le surmontait au Moyen Âge a fait place à une luxuriante coupole Renaissance, construite entre 1577 et 1583.

Le cloître roman, reconstruit à la fin du XIIe siècle, offre une grande variété de motifs décoratifs: dans chaque galerie, la Bible se raconte en sculpture, sur les chapiteaux: l'Ancien Testament dans la galerie ouest, avec Balaam et son ânesse, et David et Goliath ; les Évangiles dans la galerie nord avec la vie du Christ, de l'Annonciation à la Résurrection. Les quatre angles du cloître sont décorés des symboles des Évangélistes, déjà présents sous la coupole de la nef Saint-Maximin. Le pilier nord-est est orné d'une statue de Saint-Pierre, gardien des clés du Paradis. Dans la galerie est, une autre statue-colonne représente la Vierge Marie tenant au creux de ses mains l'église et la synagogue.

L'archevêché

Au Ier siècle de notre ère, un vaste immeuble de rapport romain dont les pièces principales ouvrent sur une grande cour se dresse à l'est du forum. Occupé pendant l'Antiquité tardive et jusqu'au XIIIe siècle, il cédera la place au palais archiépiscopal dont l'archevêque Robert Damiani (1447-60) entreprend vers 1450 la reconstruction. Son successeur Olivier de Pennart (1460-84), chapelain de la reine Jeanne de Laval, achève son œuvre. Au XVIIe siècle, Jérôme de Grimaldi (1655-85) entreprend la reconstruction du palais. Il fait élever l'aile méridionale qui abrite les écuries. C'est à Daniel de Cosnac (1693-1708) que l'on doit le portail monumental ouvert sur la cour intérieure et l'escalier

Saint-Pierre tenant la clef du Paradis
Détail des portes de l'archevêché

d'honneur qui conduit à l'étage noble. Vers 1715 Charles de Vintimille (1708-29) fait construire la façade occidentale fermée par une belle porte attribuée à Toro ainsi que la fontaine adossée au mur des écuries. Enfin entre 1779 et 1783, Mgr de Boisgelin fait aménager la colonnade du grand escalier et reprendre la décoration des salons d'apparat.

Le musée des Tapisseries, installé depuis 1910 au premier étage de l'ancien palais des archevêques, abrite une riche collection de trois séries de tapisseries tissées à Beauvais aux XVIIe et XVIIIe siècles : les six pièces de « Grotesques » tissées vers 1689 d'après des cartons de Monnoyer, inspirés du style Bérain ; les neuf pièces de « l'histoire de Don Quichotte », en exemplaire unique, tissées de 1735 à 1744 sous la direction d'Oudry et de Besnier, d'après les cartons de Charles Natoire ; les quatre pièces des « Jeux russiens », tissées à partir de 1769, sous la direction de Charron, d'après des cartons de Jean-Baptiste Leprince.

L'ancienne Faculté de Droit

En 1409, le comte de Provence Louis II d'Anjou fonde l'Université d'Aix avec trois facultés de Droit, de Théologie et de Médecine. Sur l'emplacement de « l'estude » construite en 1569, Georges Vallon reconstruit en 1734 la faculté de Droit, surmontée d'un fronton sculpté en 1883.

Après avoir obtenu son baccalauréat ès lettres, avec mention « assez bien », le 12 novembre 1858, Paul Cézanne, contraint par son père s'inscrit le 16 décembre à la faculté de Droit. Mais dès 1860, il abandonne la « route tortueuse » du Droit pour emprunter celle de la peinture.

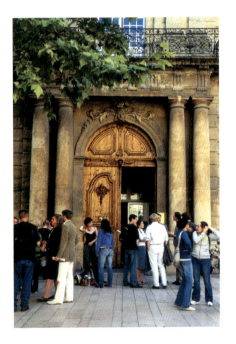

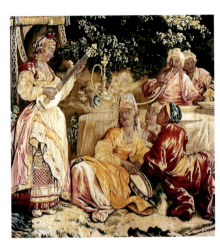

Ancienne Faculté de Droit
Musée des Tapisseries

L'hôtel de Châteaurenard

Le conseiller au Parlement Jean-François d'Aymar d'Albi, baron de Châteaurenard, confie à l'architecte Pierre Pavillon (1612-1670) et au peintre Jean Daret (1613-1668), les transformations de son hôtel particulier de la rue droite. L'escalier d'apparat conserve les décors en trompe-l'œil, à l'italienne, peints en 1654 par Jean Daret sur le thème de « l'Immortalité de la Vertu » dont l'allégorie est peinte sur le plafond. En 1660, Louis XIV qui loge en ses murs, recommande à ses gardes de « respecter ce monument, objet de l'admiration de la Cour » et invite l'artiste à venir travailler à Vincennes après l'avoir honoré du titre de peintre de sa Majesté. Les statues d'Hercule, du Roi Salomon et de Scipion l'Africain, tous trois modèles de vertu, prennent place dans des niches qui encadrent l'escalier. Penché à sa fenêtre un laquais, tête nue, vêtu aux couleurs de la maison, regarde monter les invités de son maître. Les Allégories des Arts Libéraux, Trivium (Logique, Grammaire et Rhétorique) et Quadrivium (Musique, Astronomie, Algèbre et Géométrie), et des Beaux-arts, ornent la corniche.

Dans la cour de l'hôtel de Grimaldi-Régusse

racheté en 1743 par Honoré Boyer de Fonscolombe pour son fils, Jean-Baptiste-Laurent (1716-1788), grand amateur d'art, coule une petite fontaine ornée d'un mascaron à tête de faune. Elle est adossée à une grille en ferronnerie qui laisse entrevoir la cour de l'hôtel voisin des Thomassin de Saint-Paul, ancien hôtel des Maynier puis des Forbin d'Oppède.

Escalier d'apparat de l'hôtel de Châteaurenard
Porte de l'hôtel Maynier d'Oppède
Fontaine de l'hôtel de Grimaldi-Régusse

La façade de l'ancien hôtel des Maynier d'Oppède puis des Forbin d'Oppède est reconstruite en 1757 par l'architecte Georges Vallon et le sculpteur Chastel pour le président au Parlement Etienne de Thomassin de Saint-Paul dont le grand-père avait racheté l'hôtel au baron d'Oppède en 1730.

L'hôtel de Martiny puis d'Estienne de Saint-Jean

Entre 1671 et 1674, Joseph de Martiny, trésorier général de France, époux de Louise-Françoise d'Estienne de Saint-Jean-de-la-Salle, entreprend les travaux du grand escalier de « vanité » et de la façade qui en raison de faiblesses techniques devra être abattue et remplacée, en 1680, par l'ordonnance colossale que nous connaissons aujourd'hui. Louis Jaubert (1625-1683), tailleur de pierre, entrepreneur et architecte, son fils Jean-Claude, et ses neveux Jean et Laurent Vallon, maîtres-maçons exécutent « le dessin que le Sieur général leur a donné ». Les sculpteurs Jean-Louis Michel et Jean Routier réalisent les stucs dorés de la coupole portée par des atlantes et les boiseries du premier cabinet. Le peintre Jean André, originaire de Castellane est l'auteur des cinq petits amours « fleuristes » qui ornent l'intérieur de la coupole. En 1930, Marie d'Estienne de Saint-Jean fonde avec Marcel Provence l'Association du Vieil Aix et l'hôtel particulier de ses ancêtres, qu'elle lègue à l'État, devient **le musée du Parlement de Provence et du Vieil Aix**. Ses riches collections évoquent aussi bien le cadre de vie aristocratique de l'ancienne capitale de Provence que les arts et traditions populaires qui s'y développèrent jusqu'à la fin du XIXe siècle.

Musée du Viel Aix, hôtel de Martiny puis de Saint-Jean

Parmi les pièces les plus remarquables, le paravent de la Fête-Dieu fut commandé dans les premières années du XVIIIe siècle par le conseiller Jean-François de Galice pour une des salles de réunion du Parlement. Ces deux faces en toile peinte représentent la procession solennelle des autorités civiles et religieuses de la ville et les jeux et la foire qui se déroulaient alors sur le cours Sextius.

Le monument Joseph Sec
6 avenue Pasteur

Joseph Sec, maître menuisier enrichi dans le commerce du bois et la rente immobilière, franc-maçon et promoteur des idées révolutionnaires, fait édifier en 1792, devant sa maison du faubourg Notre-Dame (avenue Pasteur), un mausolée à la gloire de la Loi. Casquée et armée d'une pique son allégorie trône au sommet du monument. En dessous, côté jardin, Saint Jean-Baptiste personnifie le nouveau Testament et côté rue, Moïse représente l'ancienne loi biblique. De part et d'autre, l'Afrique de l'esclavage et l'Europe aspirent, mains tendues, à vivre dans le respect de la Loi. Derrière le mausolée, le jardin de Joseph Sec abrite sept statues provenant de la chapelle de la congrégation des Messieurs autrefois située au chevet de l'église des Jésuites.

En 1763, lors de la suppression de l'ordre, leurs biens et ceux des congrégations qu'ils hébergent sont vendus aux enchères. Joseph Sec se porte alors acquéreur de sept de ces statues, à l'exception d'Esther : le patriarche Noé, le grand prêtre Aaron, les rois David et Salomon, Marie, sœur de Moïse, Jahel et Débora sculptées par Pierre Pavillon dans la pierre de Calissanne entre 1663 et 1668.

Monument Joseph Sec : en haut, le roi Salomon ;
en bas à gauche, Jahel ; à droite, le patriarche Noé

La Ville Comtale

Dès la fin du XIIe siècle, avec l'installation des comtes de Barcelone en ses murs, Aix connaît une première renaissance. Les murailles sont débordées de toutes parts par les faubourgs dont les plus sensibles, à l'est du palais comtal et vers l'ouest en direction du couvent des Cordeliers sont englobés dans de nouveaux remparts. Aix compte alors 48 feux et demi soit une population de 15 000 âmes. En 1357, la maison commune se fixe définitivement au pied de la Tour de l'Horloge. À la mort de la reine Jeanne, à la fin du XIVe siècle, la ville se rétrécit et se vide. Au XVe siècle, le bourguet Saint-Jacques, au sud-ouest du couvent des Augustins et le quartier Bellegarde, au nord, sont inclus dans de nouveaux remparts. Au XVIIe siècle, deux nouveaux agrandissements et la formation du faubourg des Cordeliers donnent à Aix son périmètre actuel. Le quartier Villeverte est aménagé en 1602, à l'ouest du couvent des Augustins sur des prairies appartenant à Joseph Bonfils, lieutenant général en la Sénéchaussée.

L'Hôtel de Ville

Au Moyen Âge, les réunions du conseil de Ville se tiennent dans la maison de l'Aumône (1256 et 1357), à Saint-Sauveur (1275) et au couvent des Augustins (1351).

Lors de la réunion du Bourg Saint-Sauveur et de la Ville Comtale, après 1357, la maison commune s'installe au pied de la Tour de l'Horloge. Incendié en 1536 par les troupes de Charles Quint, l'Hôtel de Ville est reconstruit sur son emplacement en 1538, mais menace très vite de tomber en ruines. Après de nombreuses réparations, le Conseil de Ville décide, en 1652, de le faire reconstruire et de l'agrandir. Le peintre Jean Daret, les sculpteurs Pierre Pavillon, Jean-Claude Rambot et Jacques Fossé, l'architecte Jean Jaubert collaborent à la réalisation de cet ambitieux projet. Mais c'est à Pierre Pavillon que l'on doit la conception décorative de l'ensemble : les élévations et façades, la grande porte de bois de l'entrée et de la grille de fer du grand arc-doubleau de la cour. Commencée en 1655 la construction devait durer 15 ans.

Place de l'Hôtel de Ville

Horloge astronomique du beffroi
Cour de l'Hôtel de Ville

Statues, les 4 saisons, printemps été... de l'horloge astronomique
Les allégories des villes d'Aix, Nice, Tarascon, Forcalqiuer, salle des États de Provence.

Une première tranche de travaux s'étend de 1655 à 1660. L'aile ouest, l'aile nord et une partie de l'aile est, sont achevées à l'issue de cette première campagne. L'aile nord abrite au rez-de-chaussée la grande salle voûtée de l'arsenal avec ses ogives et arcs doubleaux, ses piédroits et culs-de-lampe, et, à l'étage, la salle du Conseil. Après cinq années d'interruption, les travaux reprennent en 1666, les peintres Reynaud Levieux et Michel Daret ayant fourni les plans et élévations des nouveaux bâtiments pour achever l'Hôtel de Ville. Cette seconde tranche de travaux se termine en 1671.

La salle des États de Provence

Le 22 août 1792, des révolutionnaires marseillais pénètrent dans la salle du Conseil, en arrachent les toiles peintes au XVIIIe siècle et les brûlent dans la cour. Seuls les cinq médaillons représentant des « Amours » peints par Jacques Carpenel au-dessus des fenêtres du mur sud ont été épargnés. En 1899, la

Hôtel de Ville, mascaron de la porte
Allégorie du Rhône et de la Durance, ancienne halle aux grains
Salle des États de Provence

municipalité commande à Joseph Villevieille le tableau placé au centre du mur ouest : « la Fondation d'Aix par C. Sextius Calvinus », et en 1903, les portraits du peintre Granet, du philosophe Gassendi, de l'historien Pitton, et du peintre Van-Loo. On lui doit également les portraits du mur est représentant le conseiller Fauris de Saint-Vincens, le littérateur Boyer d'Argens, l'avocat Pascalis, et le procureur général Ripert de Montclar. Au centre du mur nord, Honoré Gibert peint en 1880 le portrait en pied de Peiresc, érudit et collectionneur. En 1905, Esprit Gibelin exécute pour le mur ouest les armoiries des villes de Hyères, Forcalquier, Tarascon, Draguignan et pour le mur est, celles de Grasse, Arles, Marseille, Sisteron. Les allégories dénudées, représentant les villes d'Aix et

Place Richelme

de Nice sur le mur ouest, et de Tarascon et de Forcalquier sur le mur est, sont l'œuvre de Louis Gautier. Ces peintres associés à la réfection de la salle des Etats sont tous des contemporains de Cézanne.

La place de l'Hôtel de Ville a été ouverte en 1750 suite à la démolition de tout un îlot d'habitations pour permettre le dégagement et la mise en valeur de la façade de l'Hôtel de Ville et de celle de la Halle aux Grains. La fontaine qui occupe le centre de la place depuis 1755 est l'œuvre de l'architecte Georges Vallon et du sculpteur Jean-Pancrace Chastel (1726-1793). Elle est surmontée d'une colonne romaine offerte par le chapitre de Saint-Sauveur à la ville en 1626. Elle aura attendu 129 années avant de trouver ici sa place définitive. Cézanne la peindra vers 1900. Cette petite aquarelle qui est la seule représentation de la ville d'Aix par Cézanne est aujourd'hui conservée dans une collection particulière américaine. Trois fois par semaine, les mardis, jeudis et samedis, la place s'enrichit des couleurs et parfums du marché aux fleurs.

La place Richelme dans son état actuel a été agrandie suite à la démolition d'îlots de maisons et d'entrepôts privés où l'on stockait les grains de blé. Elle accueille tous les matins un marché aux fruits et aux légumes où les ménagères trouvent les meilleurs produits du terroir pour concocter de savoureuses spécialités provençales.

La Halle aux Grains
En 1718, un premier grenier à blé est construit par la ville. Il occupe l'angle sud-est de l'actuel bâtiment. Entre 1759

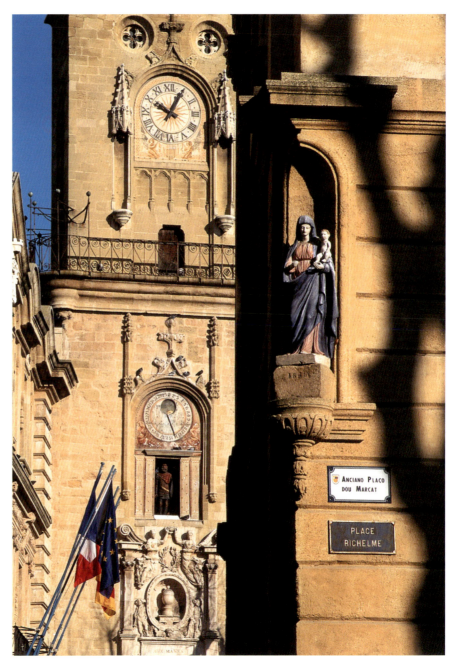

Beffroi de l'Hôtel de Ville depuis la place Richelme

et 1767, l'architecte Georges Vallon conserve ses façades est et sud mais agrandit considérablement l'édifice dont il triple la superficie. Côté place de l'Hôtel de Ville, il donne à la façade une ordonnance semi-colossale. Rythmée par quatre pilastres ioniques, elle est couronnée d'un fronton à l'intérieur duquel Chastel sculpte, en 1764, dans la pierre de Calissanne, les allégories du Rhône et de la Durance. Le Rhône y est représenté sous les traits d'un vieillard barbu tenant une rame de bateau. La Durance, son affluent, se jette dans ses bras. Elle prend l'apparence de Cybèle, déesse romaine de la fécondité, porteuse de ville, tête couronnée de remparts, qui tient la corne d'abondance et nourrit les animaux. Cependant, la Durance peut être aussi dévastatrice. Elle est considérée comme un des trois fléaux de la Provence, avec le Parlement et le Mistral. Pour symboliser ses crues le sculpteur fait dépasser du cadre du fronton la jambe de Cybèle.

Le Muséum d'Histoire naturelle

Dans l'hôtel très parisien construit en 1677 par Jean-Baptiste Boyer d'Eguilles, s'installe en 1955, le Muséum d'Histoire naturelle qui possède une collection unique en France de fossiles de dinosaures provenant des environs d'Aix-en-Provence. Au Crétacé Supérieur, entre 80 et 65 millions d'années, sous un climat tropical, au pied d'une montagne qui n'est pas encore Sainte-Victoire, s'étend un vaste fleuve avec ses bras morts, ses plages et ses zones marécageuses. C'est dans ce milieu que les dinosaures vivent et pondent. On y trouve les grands herbivores tels que les Titanosaures, qui peuvent atteindre 20 mètres de long, les Rhabdodons,

bipèdes de 3 mètres de haut, herbivores et rapides. On peut aussi rencontrer les Ankylosaures, petits insectivores lents et couverts d'une carapace osseuse. À côté de ces paisibles animaux, vivent les dinosaures carnivores tels que les Dromaeosaures qui sont de petits chasseurs très actifs et enfin les Tarascosaures qui sont eux de grands charognards proches du célèbre Tyranosaure.

Diorama du Muséum d'Histoire naturelle

L'hôtel de Séguiran puis d'Albertas
10 rue Espariat

Les Séguiran, seigneurs de Bouc, puis les Albertas, seigneurs de Gémenos, sont les propriétaires de cet hôtel particulier au XVIIe et XVIIIe siècles. En 1724, Henri Rainaud d'Albertas, premier président de la Cour des Comptes commande à Laurent Vallon (1652-1734) les dessins de la façade et de l'entrée de son hôtel particulier. Il s'agit là du dernier chantier réalisé par l'architecte de la ville et de la province, principal promoteur du deuxième baroque aixois. Les travaux sont achevés par son fils Georges Vallon (1688-1767) qui succède à son père au poste d'architecte de la province. La magnifique façade à décor Régence qu'il réalise pour le marquis d'Albertas n'offre pas suffisamment de recul depuis la rue pour pouvoir être admirée.

La place d'Albertas

Pour dégager une belle perspective devant son hôtel, Henri-Rainaud d'Albertas rachète entre 1735 et 1741 les maisons situées de l'autre côté de la rue et les fait abattre. Il projette alors la construction d'une place « quasi-royale » qui portera son nom.
Son fils Jean-Baptiste d'Albertas poursuit l'œuvre amorcée par son père et confie entre 1742 et 1746, à Georges Vallon, fils de Laurent la fin du chantier.
Deux générations de commanditaires et deux générations d'architectes ont donc participé à la construction de cet ensemble architectural unique, œuvre de particuliers qui ont façonné l'espace public.

Place d'Albertas

Place d'Albertas, hôtel particulier et son décor du XVIIIe siècle

La fontaine d'Albertas

La vasque en pierre de la fontaine construite en 1862 étant détériorée, une vasque en fonte à l'identique la remplace depuis 1912. Elle a été réalisée par l'École des Arts et Métiers et offerte à la ville en remerciement du don du terrain consenti pour l'agrandissement des ateliers de l'école.

Place et fontaine des Augustins
Campanile du couvent des Augustins
Église du Saint-Esprit, vue intérieure

L'église du Saint-Esprit

En 1703, l'archevêque d'Aix, Daniel de Cosnac, décide de la construction d'une nouvelle église paroissiale sur l'emplacement de hôpital du Saint-Esprit. La première pierre est posée le 4 mars 1706. Les travaux de construction, dirigés par Laurent Vallon et son fils Georges, sont terminés en 1727, soit plus de vingt ans après, à cause de difficultés de trésorerie et de contestations pour malfaçon. Les aménagements intérieurs se poursuivront jusqu'en 1732. L'église abrite de nombreuses œuvres d'art dont le triptyque du Parlement, daté de 1505, situé dans le bras gauche du transept. Le panneau central représente l'Assomption de la Vierge et les Apôtres autour du tombeau vide, figurés sous les traits des douze premiers membres du Parlement. La Nativité et l'Adoration des Mages illustrent le panneau de gauche ; l'Ascension et la Pentecôte, le panneau de droite. Dans la nef centrale, le « Christ en croix » a été peint en 1731 par Michel-François Dandré-Bardon.

Le couvent des Augustins

Etablis à Aix à la fin du XIIIe siècle, les Augustins construisent leur couvent près de la porte de Marseille. Le 12 novembre 1415, Jean Laurent de Langres et Gilles Chalvet de Soissons construisent l'église orientée nord-sud dont les travaux sont achevés en 1439. En 1472, Girardin de Columbini entreprend l'érection du clocher surmonté d'une flèche construite en 1516 par Jean Lunetti. Menaçant de s'écrouler, elle est remplacée en 1677 par l'actuel campanile en fer forgé. Le couvent des Augustins est presque totalement détruit pendant la Révolution, mais de nombreux vestiges sont aujourd'hui englobés dans des maisons de la rue de la Masse et de la rue Espariat.

La fontaine des Augustins

La première fontaine construite en 1620 est déplacée en 1666 suite à un litige sur la propriété de l'eau. En 1820, elle trouve sa place définitive. La colonne en granit qui la surmonte provient du mausolée romain englobé dans l'ancien Palais Comtal. Une étoile en cuivre brille à son sommet. L'eau de la ville coule dans trois de ses 3 canons, le quatrième étant alimenté par l'eau chaude de la source Bauvezet, située dans une cave de la rue Bédarrides.

Église du Saint-Esprit, Christ en croix de M.-F. Dandré-Bardon
Triptyque du Parlement

Le quartier du Palais & le quartier Villeneuve

À l'époque romaine, l'entrée principale de la ville (actuelle place Verdun) est constituée d'une porte flanquée de deux tours circulaires entre lesquelles passe la voie aurélienne (rue d'Italie, rue Thiers). À l'extérieur de ce périmètre, s'étend une nécropole dont un des mausolées jouxte l'enceinte. Au XIIe siècle, les comtes de Provence de la maison de Barcelone construisent leur forteresse autour de cette entrée fortifiée et du mausolée. Au XVe siècle, avec l'installation durable du roi René et de sa cour, Aix connaît une seconde renaissance. Entre le palais qu'il transforme et ses jardins, le roi René réserve une vaste place, l'actuelle place des Prêcheurs. Sous le règne du « bon roi », on dénombre 22 800 habitants. Après le rattachement de la Provence à la France en 1481, le palais devient le siège du Parlement, de la Cour des Comptes, du Bureau des Finances de la Généralité, de la Sénéchaussée et du Gouvernement.

À l'est de la place des Prêcheurs et dans son prolongement, se développe à partir de 1583, le quartier Villeneuve, enclos de murs et bastionné (bastion de la Plate-Forme, en as de pique, actuelle place Miollis). Ce nouveau quartier prend pied dans l'ancien jardin du Roi, passé en héritage à la famille de Lacepède. L'architecte Jean Baudry, dit Jean de Paris (... - 1591), contrôleur des bâtiments royaux dessine le quartier en fonction d'ordonnances régulières et de belles perspectives. Il s'agit de la première grande opération d'urbanisme jamais réalisée en France. La population s'accroît jusqu'à 25 000 habitants.

Le palais de Justice et la prison

En août 1775, une pierre se détache du balcon qui orne la façade principale du palais des comtes de Provence et blesse à la cuisse, un porteur de chaise. Suite à cet accident on procède à une vérification totale du bâtiment et des étais sont installés. Le rapport établi en 1776 par l'architecte Joseph-Esprit Brun conclut, pour des raisons de sécurité, à l'abandon définitif du palais et à sa démolition. Le Parlement s'établit alors dans le couvent des Prêcheurs et la Sénéchaussée au collège Bourbon. La construction du nouveau Palais est confiée à l'architecte Claude-Nicolas Ledoux. Les travaux commencés en 1787 sont interrompus par la Révolution en 1790.

En 1822, Michel Penchaud reprend les plans de Ledoux qu'il simplifie et après dix ans de travaux, palais et prisons sont inaugurés en 1832. En 1998, lors des travaux d'aménagement du palais Montclar en lieu et place des prisons, des fouilles archéologiques ont révélé la présence d'une noria médiévale.

Palais de Justice
L'ancien palais des comtes de Provence, plan de 1646

Place et fontaine des Prêcheurs
Détail de la fontaine des Prêcheurs

La place des Prêcheurs

Place parvis du palais comtal et du couvent des Prêcheurs, trait d'union à partir de 1583 entre la ville médiévale et la « ville neuve », la place des prêcheurs fut jusqu'à l'ouverture du cours la seule grande place d'Aix et le principal ornement de cette ville. Là où se tient aujourd'hui le grand marché d'Aix, les mardis, jeudis et samedis matin, se déroulaient autrefois les grandes manifestations publiques, joutes et feux d'artifices mais aussi supplices et exécutions sur l'échafaud. Le 13 septembre 1768, quatorze voleurs et assassins y furent exécutés en même temps. Depuis 1833, le jaquemart du « Chinois » sonne l'heure en frappant sur une cloche.

La fontaine des Prêcheurs

Sculptée en 1758 par Jean-Pancrace Chastel, cette fontaine monumentale est surmontée d'un obélisque au sommet duquel un aigle tient le monde dans ses serres.

Son socle est orné de quatre médaillons ovales qui contiennent les portraits des grands personnages qui ont fait ou feront l'histoire de la Provence et de sa capitale. Pour le passé : Caïus Sextius Calvinus, fondateur de l'antique *Aquae Sextiae*, et Charles III d'Anjou, dernier comte de la Provence indépendante après le roi René. Pour le présent, Louis XV, roi de France en 1758, lorsque la fontaine est construite, et, son petit-fils, Louis, comte de Provence, futur Louis XVIII.

Ancienne prison
Cour d'appel
Le jaquemart du chinois, place des Prêcheurs

L'église de la Madeleine

En 1272, les Dominicains installent leur couvent à proximité du palais comtal. Une première église dédiée à Notre-Dame est construite dans le plus pur style gothique entre 1274 et 1277. Dévastés par un incendie en 1383, les bâtiments conventuels sont reconstruits sur leur emplacement. Remaniée plusieurs fois, l'église des Prêcheurs est rebâtie entre 1691 et 1703 par l'architecte Laurent Vallon qui élève une nef principale rythmée par de puissants piliers, deux nefs latérales et un transept coiffé d'un dôme. Au chevet, un trompe-l'œil d'architecture, peint vers 1700, prolonge cette perspective. Restée inachevée, la façade occidentale est terminée entre 1855 et 1860 par l'architecte Revoil. Sur le tympan, Marthe et Marie-Madeleine entourent le Christ triomphant. C'est dans cette église qu'est baptisé Paul Cézanne en février 1839.

L'Annonciation
Eglise de la Madeleine

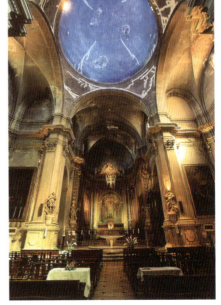

L'hôtel d'Agut

En 1667, Pierre d'Agut, conseiller au Parlement confie aux architectes et sculpteurs, Antoine Matisse et Jean-Claude Rambot la reconstruction de son hôtel particulier. Après avoir sculpté les puissants atlantes du Pavillon de Vendôme, Jean-Claude Rambot réalise pour le portail du conseiller deux figures originales, un couple atlante cariatide, qui retiennent sans effort, bras croisés derrière le dos, le balcon de l'étage noble. Au-dessus des fenêtres des niveaux supérieurs des frontons alternés, triangulaires et circulaires rythment la façade.

La fontaine de la place des 3 Ormeaux

Bâtie en 1632 en remplacement d'un puits pour la protection duquel les consuls durent prendre des mesures draconiennes afin d'éviter sa contamination pendant la peste de 1620.

L'hôtel d'Agut
Fontaine de la place des 3 Ormeaux

Le théâtre du Jeu de Paume
17 rue de l'Opéra

L'ancien Opéra d'Aix est un des rares exemples encore conservés des premiers théâtres modernes bâtis en France au XVIIIe siècle. En septembre 1756, les consuls d'Aix procèdent à la fermeture du Jeu de Paume qui menace ruine. Un groupe d'amateurs passionnés décide de le reconstruire. Claude Routier, maître sculpteur, et Moutte, maître maçon, construisent le nouveau théâtre d'après les plans du marquis de La Barben, architecte amateur, membre du conseil municipal : plan en hémicycle avec avancée en double cloche vers la scène, élévation à trois balcons, plafond en coupole ovale. En 1829, la municipalité devient propriétaire des lieux et, en 1886, l'ingénieur de la ville, Guillaume, entreprend les premières modifications intérieures. Pour installer des loges au fond des premières, l'appui de la galerie est avancé, supporté par des poutres de fer et des poteaux de fonte qui s'élèvent jusqu'au troisième balcon. En 1887, le

Théâtre du Jeu de Paume

nouveau plafond à vaste coupole elliptique reçoit un décor d'arabesques et de mascarons néo-Renaissance et néo-Louis XV. Le peintre aixois Louis Gautier signe en 1887, la toile « le Génie de la Musique » qui trône au-dessus du mur de scène. La décoration de la salle où les ors des stucs rivalisent avec les rouges des étoffes est achevée en 1888. En 2000, le théâtre du Jeu de Paume est entièrement rénové et son rideau de scène peint par l'artiste Gérard Traquandi apporte une touche contemporaine à ces décors du XIXe siècle.

L'hôtel d'Antoine puis de Lestang-Parade
18 rue de l'Opéra

En 1654, le conseiller aux Comptes, Jean-Louis d'Antoine confie à Pierre Pavillon la réalisation des plans et élévations de sa demeure fortement empruntée de classicisme parisien : plan en U, entre cour et jardin et superposition des ordres, dorique, ionique, corinthien pour les façades sur rue et sur cour. En 1672, l'escalier d'apparat est remplacé par un escalier plus modeste, logé dans une partie du vestibule. Sur le volume libéré, Rodolphe Ziegler orchestre la décoration du nouvel appartement du midi qui comprend une petite chambre, une chambre de parade avec alcôve et un boudoir. Le boudoir, coiffé d'une coupole ovale conserve ses décors : dans ses angles, de larges coquilles de stuc blanc et or portent le dôme où sous un ciel légèrement nuageux, un amour jette des fleurs au milieu de vases posés sur la corniche d'où s'échappent des bouquets de roses et d'œillets. Le plafond de la grande chambre de parade est également intact, avec ses compartiments de stucs dorés peints en trompe-l'œil où des putti chevauchent des aigles autour d'un vaste tondo reproduisant « La Fortune » de Guido Reni. Au XVIIIe siècle, ces pièces abritent un petit théâtre de société : l'ancienne alcôve devient scène et le boudoir sert de coulisses. Divisé en deux lots au XVIIIe siècle, l'hôtel est remembré en 1830 par le chevalier de Lestang-Parade. En 2006 l'hôtel particulier a été magnifiquement restauré.

Hôtel de Lestang-Parade

Le quartier Mazarin

En janvier 1646, Michel de Mazarin, archevêque d'Aix, frère du cardinal ministre, fait construire dans le jardin et les prés de l'archevêché, situés extra-muros, au sud de la ville, un nouveau quartier ceint de murailles.
Henri d'Hervart d'Hévinquem, contrôleur général des finances, et Jean Lombard (Aix vers 1580-1656), contrôleur des bâtiments et œuvres publiques de la ville, sont les deux autres promoteurs de ce nouveau lotissement.

L'église Saint-Jean de Malte

Située à l'origine hors les murs, la commanderie des Hospitaliers de Saint-Jean de Jérusalem est fondée entre 1138 et 1192 en bordure du chemin d'Italie. Les deux derniers comtes de Provence de la Maison de Barcelone, Alphonse II (+ 1209) et Raymond-Bérenger V (+ 1245) avec son épouse Béatrice de Savoie y élisent sépulture. Leur fille, Béatrice, comtesse de Provence, épouse de Charles I d'Anjou, fait agrandir et fortifier la chapelle primitive. Sous son règne, s'élève entre 1270 et 1280 la première église entièrement gothique de Provence. À l'intérieur, l'église au plan en croix latine, conserve une nef de quatre travées, flanquée de huit chapelles latérales, un transept et un chevet plat, le tout couvert de croisées d'ogives. Outre la construction des chapelles latérales entre les contreforts et le rajout sur la façade de la tourelle de droite, on doit au prieur Jean-Claude Viany la reconstruction du prieuré de Malte en 1671.

Fontaine des Quatre Dauphins
Clocher de Saint-Jean de Malte, chapelle des Oblats et toits du quartier Mazarin

Façade de l'église Saint-Jean de Malte et intérieur

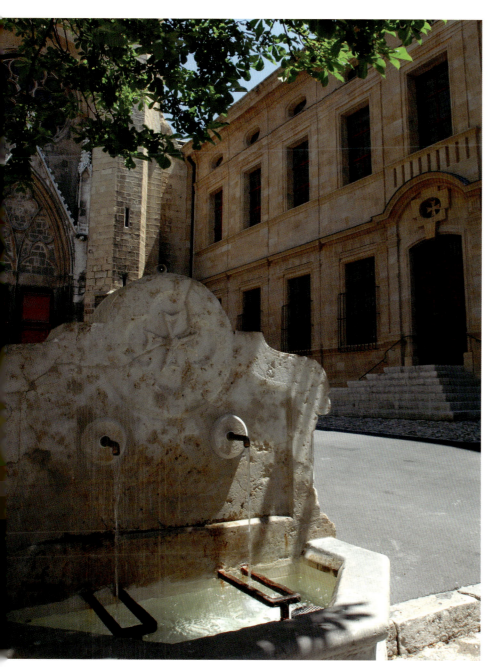

Façade du musée Granet

Le musée Granet

Lieu d'accueil des pèlerins et de soins pour les malades, le prieuré de Malte abrite également la résidence du prieur. Vendu en 1798 comme bien national, il est racheté par la municipalité en 1825 qui y installe l'école gratuite de dessin en 1828 et le musée en 1838. De 1857 à 1862, le jeune Paul Cézanne y suit les cours de modèle vivant et de dessin d'après l'antique à partir des plâtres et des marbres conservés au musée. De 1892 à 1925, le sculpteur Henri Pontier dirige l'école et le musée et s'oppose à ce que toute œuvre de Cézanne entre dans les collections de la ville. En 1949, le musée est dénommé musée Granet pour célébrer le centenaire du legs que le peintre François-Marius Granet (1775-1849) fit de ses collections et de la quasi-totalité de son œuvre personnelle à sa ville natale en 1849. Avec ses 13 000 œuvres, le musée Granet est considéré comme l'un des plus riches musées de région : toutes les grandes écoles de peinture y sont représentées : hollandaise et flamande des XVe au XVIIe siècles, italienne du XVe au XVIIe siècle, française du XVIe au XXe siècle. Après quatre années de travaux, le musée Granet complètement transformé ouvre ses portes en 2006 enrichi d'une des plus importantes donations de ces dernières années, la donation « de Cézanne à Giacometti », comportant des œuvres d'artistes contemporains. Deux architectes ont contribué à cette métamorphose : Pierre Brotons pour le gros oeuvre et Jean-François Bodin pour la muséographie. Entre autres chefs-d'œuvre le musée conserve le célèbre panneau du Maître de Flémalle (vers 1435), le monumental tableau de

Guerchin consacré à Sainte Thérèse d'Avila (vers 1635), mais aussi de superbes portraits de Pierre-Paul Rubens (vers 1615), de Jacques-Louis David et de Jean-Dominique Ingres pour la première partie du XIXe siècle, sans oublier les œuvres de Rembrandt, Jordaens, Le Nain, Géricault, Granet et Cézanne.

1. Le guerrier accroupi
H. 83 cm, l. 69 cm, ép. 27 cm
Cette statue en calcaire a été découverte sur le site d'Entremont avec d'autres fragments de statuaire celto-ligure : une tête de guerrier vivant et des pièces en pierre figurant des têtes coupées. Les premières découvertes à Entremont datent de 1877. Mais c'est pendant la deuxième guerre mondiale, à l'occasion de travaux entrepris par les Allemands qui occupent militairement le plateau, que les groupes sculptés sortent de terre. Des fouilles méthodiques sont entreprises après guerre par Fernand Benoît.

2. Orphée charmant les animaux
H. 1,95 m x 1,97 m
Cette mosaïque romaine du Ier siècle de notre ère a été découverte en 1843, à proximité de l'actuel hôpital, dans l'Enclos Milhaud. Orphée, tête couronnée de lauriers, joue de la lyre à sept voix et les animaux qui l'écoutent, un renard, une pie, une perdrix, tombent sous son charme.

3. Masque de femme
H. 25,5 cm, l. 12,4 cm, P. 8,7 cm
Ce masque en marbre est l'œuvre du sculpteur italien Francesco Laurana, né en Vénétie vers 1430, mort en Provence en 1502. Vers 1466 et après 1476, il exécute de nombreuses commandes pour le roi René. Le masque du musée Granet compte parmi les cinq conservés dans des musées français, à Bourges, Chambéry, le Puy-en-Velay et Villeneuve-lès-Avignon.

4. Achille expirant
H. 55 cm, l. 80 cm
Jean-Baptiste Giraud, né à Aix en 1752, est l'auteur de ce marbre qu'il offre de son vivant à la bibliothèque de sa ville natale. Cette œuvre est

le morceau de réception du sculpteur à l'Académie de sculpture et de peinture de Paris en 1789. Achille touché à mort par la flèche que lui a décochée Pâris tente de la retirer de son talon.

5. La Vierge glorieuse
H. 55,5 cm x 39,3 cm
La Vierge entre Saint-Pierre et Saint-Augustin et un moine augustin en prière
Unanimement attribuée à Robert Campin dit « le Maître de Flémale » (Vers 1378-1444), cette petite huile sur bois a été peinte vers 1430-1435. Saint-Augustin est représenté à droite du panneau comme un évêque plongé dans l'étude, tenant dans sa main le cœur enflammé qui est un de ses attributs. À l'opposé Saint-Pierre coiffé de la tiare pontificale tient les clés du Paradis. Entre les deux saints, le donateur agenouillé s'est fait représenter portant l'habit des augustins. Les cieux s'entrouvrent pour laisser apparaître une Vierge à l'enfant en gloire.

6. Portraits de Guillaume Richardot et de son épouse Anne de Rye
H. 1,14 m, l. 85,7 cm
Ces deux portraits de dimensions identiques représentent le chancelier de l'Université de Douai et son épouse peints par Pierre Paul Rubens (1577-1640) vers 1615. Le frère aîné du peintre, Philippe Rubens était le secrétaire du père de Guillaume Richardot et le précepteur de la famille.
Rubens peint son modèle avec la chaîne et la médaille en or à l'effigie de Philippe III d'Espagne qui lui fut probablement offerte en même temps que son épée par le comte de Fuentes, ancien gouverneur des Pays-Bas.

7. Sainte Marie-Madeleine
H. 1,28 m, l. 96 cm
Sur ce tableau de forme ovale, Mattia Pretti dit « Il cavaliere Calabrese » (1613 – 1699), représente Sainte Marie-Madeleine portant des vêtements à la fois élégants et déchirés, ses longs cheveux dénoués, autant d'attributs qui évoquent son ancienne vie dissolue. Le crâne qu'elle tient d'une main est source de méditation sur la mort. Pourtant Marie-Madeleine se repent, son autre main sur le cœur, elle regarde vers le ciel d'où vient le pardon.

8. Les joueurs de cartes
H. 63,3 cm, l. 76 cm
Légué par le marquis de Perrier au musée d'Aix en 1855, ce tableau aujourd'hui attribué aux frères Le Nain a retenu l'attention du jeune Paul Cézanne qui suivait là, dans l'école municipale gratuite de dessin de la ville d'Aix, ses cours entre 1857 et 1862. Il s'en souviendra lorsqu'il peindra à partir de 1890 sa série des joueurs de cartes.

9. Portrait d'Honoré Armand, duc de Villars
H. 94,8 cm, l. 76 cm
Ce magnifique portrait au pastel est l'œuvre de Maurice Quentin de La Tour (1704 – 1788), célèbre portraitiste de la Cour de France. Le duc de Villars, occupe après son père, maréchal et pair de France, les fonctions de gouverneur de Provence. Ce personnage extravagant et équivoque est le fondateur de la première école de dessin d'Aix en 1765.

10. Gaspard de Gueidan en Céladon jouant de la musette
H. 1,65 m, l. 1,14 m, signé et daté : Hyancinthe Rigaud, 1735.
Seize ans après avoir posé en avocat général, Gaspard de Gueidan commande à son peintre attitré, Hyacinthe Rigaud, ce portrait fantaisiste en berger d'opéra-comique sonnant musette pour rassembler son troupeau. Céladon est un personnage de l'Astrée, roman pastoral d'Honoré d'Urfé (1568-1626). Ce nom est une allusion au costume de couleur vert pâle, vert céladon, qu'il porte. L'instrument sorti de sa gaine de velours bleu, Gaspard de Gueidan s'apprête à sonner musette, chalumeau en main, frappé d'un écusson à ses armes et soufflet fixé à la ceinture. À ses côtés, attendant son signal, sa fidèle levrette porte un collier de velours.

11. Madame de Gueidan en Flore
H. 1,43 m, l. 1,10 m, apostillé au dos : peint par Largillière 1730.
Angélique de Simiane-Lacoste, fille de Joseph et de Marguerite de Valbelle épouse Gaspard de Gueidan le 28 mars 1724. Sur un fond de paysage à ciel nuageux, éclairé à l'horizon, elle pose de face, à mi-jambes dans une robe de satin rouge, fortement décolletée, avec un

corsage de toile d'or taillé en cœur, bordé d'une guimpe plissée autour de la gorge. Elle élève de sa main gauche une couronne de jasmin qu'elle s'apprête à poser sur sa chevelure poudrée à frimas. À ses côtés, un amour ailé lui présente la pomme du berger Pâris, la désignant comme la plus belle des immortelles.

12. Jupiter et Thétis
H. 3,3 m, l. 2,6 m

Cette grande huile sur toile signée de Ingres est datée de 1811. Peinte par l'artiste à Rome, elle est exposée au Salon de 1812, mais ne trouve pas d'acquéreur. L'État l'achète et la dépose au musée d'Aix en 1835. Cézanne connaissait cette toile, mais n'appréciait pas le style d'Ingres. Et c'est probablement pour démontrer à son père qu'il n'était pas inférieur au plus célèbre artiste de son temps qu'il peignit dès 1860, directement sur les murs du grand salon du Jas de Bouffan quatre grandes compositions représentant les Saisons qu'il signa du nom de Ingres et data de 1811. Ces œuvres de jeunesse de Cézanne aujourd'hui déposées sont conservées à Paris au musée du Petit Palais.

13. Sainte-Victoire
vue d'une cour de ferme au Malvallat
H. 32,5 cm, l. 41 cm

D'autres peintres avant Cézanne se sont intéressés à Sainte-Victoire : Constantin, Loubon, Grésy, Gaut. Le peintre aixois François-Marius Granet (1775-1849) est de ceux-là. Depuis sa bastide du Malvallat, il peint la montagne vue d'une cour de ferme encadrée par les deux piédroits d'un portail. Le hameau qui s'est développé autour de sa maison porte aujourd'hui son nom : « Les Granettes ». Il est enterré dans la chapelle voisine aux côtés de son épouse.

À sa mort en 1849, il lègue à sa ville natale ses collections et la quasi-totalité de son œuvre exposée au musée qui depuis 1949 porte son nom.

Les Cézanne du Musée Granet

Le 20 juillet 1984, l'État met en dépôt au Musée Granet huit toiles de Cézanne.

14. Le rêve du poète ou Le baiser de la muse
Vers 1860. Huile sur toile. H. 0,82, L. 0,66.
Cézanne, élève à l'École de dessin d'Aix-en-Provence, copie une toile de Nicolas Frillié (1821-1863), mis en dépôt par l'État au Musée Granet.

15. Paysage de la campagne d'Aix-en-Provence à la tour de César
Vers 1862. Huile. Papier marouflé sur toile. H. 0,19. L. 0,30, ni signé, ni daté.
Cézanne a pu longuement étudier les petits tableaux, essentiellement italiens, de François-Marius Granet (1775-1849).

16. Nature morte : sucrier, poires et tasse bleue
1865-1866. Toile H. 0,300, L. 0,410.
Cette nature morte appartient à l'époque dite « couillarde » de Cézanne.

17. Femme nue au miroir
1866-1867. Toile collée sur panneau.
H. 0,17, L. 0,22.
Reprenant le thème de l'Olympia, Cézanne peint cette petite « pochade » à rapprocher des différents tableaux qu'il peint autour du thème de l'orgie, la lutte d'amour…

14.

16.

15.

17.

18.

18. Bethsabée
1885-1890. Huile sur toile.
H. 0,29, L. 0,25.
Ce tableau annonce les Baigneuses et met en rapport le corps nu de la femme désirée et Sainte-Victoire dans le lointain.

19. Portrait de Madame Cézanne
1885-1886. Toile H. 0,46, L. 0,38.
Hortense Fiquet qui devient Madame Cézanne en 1886, est son modèle préféré. Elle a le mérite, aux yeux du peintre, de poser comme une pomme.

20. L'apothéose de Delacroix
1890-1894. Toile. H. 0,27, L. 0,35.
Le tableau, très « baroque » d'esprit, nous montre Delacroix emporté par des anges, l'un tient ses pinceaux, l'autre sa palette.

21. Les baigneuses
1896. Toile H. 0,28, L. 0,44.
Inscription sur le châssis : « Hommage respectueux de l'auteur à la reine des Félibriges. P. Cézanne, 5 mai 1896 ».
Ce tableau correspond aux 3 grands tableaux que Cézanne consacre à ce thème à la fin de sa vie.

Le musée Arbaud

Sur l'emplacement d'un couvent de Feuillants, construit au milieu du XVIIe siècle, détruit pendant la Révolution, Paul Arbaud (1831-1911), collectionneur, bibliophile et mécène, fait décorer, vers 1884, l'hôtel particulier acheté par son père en 1850. Les peintres, Denis, de Paris, et Audibert, d'Aix, les sculpteurs Blanqui, de Marseille, et André-Joseph Allar, grand prix de Rome, participent à ces travaux d'embellissement. À sa mort en 1911, il lègue à l'Académie des Sciences, Agriculture, Arts et Belles Lettres d'Aix sa maison, ses collections et sa bibliothèque.

Les collections de faïences proviennent des ateliers de Moustiers et de Marseille, mais aussi des fabriques d'Apt, Avignon, Varages et Allemagne-en-Provence. La bibliothèque du musée est constituée de manuscrits provençaux, du XIVe au XXe siècle, d'éditions rares des XVIIe et XVIIIe siècles et d'ouvrages aux reliures précieuses. Le musée possède 18 portraits de la famille de Mirabeau, légués par la dernière descendante du célèbre tribun, Mme de Martel, alias Gyp.

Le collège Mignet

Derrière une façade sur la rue Cardinale reconstruite en 1879, le collège est installé sur l'emplacement de deux couvents : à l'ouest celui des Bénédictines dont il conserve le cloître et à l'est, celui des Ursulines ou Andrettes dont il subsiste la chapelle construite vers 1670. Sous la Révolution ces deux couvents ne sont pas vendus comme biens nationaux et sont affectés à l'École centrale des Bouches-du-Rhône. En 1806, le collège municipal s'y installe et reprend le titre de collège Bourbon détenu avant la Révolution par le collège des Jésuites situé dans le quartier Villeneuve. François Mignet, Émile Zola, Paul Cézanne, Joachim Gasquet, Darius Milhaud en sont les plus illustres élèves. En 1884, le collège devenu lycée prend le nom de Mignet (1796 – 1884) en hommage au célèbre historien et académicien natif d'Aix-en-Provence.

C'est dans la cour de récréation que se sont rencontrés en 1852 Paul Cézanne et Émile Zola à l'occasion d'une bagarre d'écoliers.

La fontaine des Quatre Dauphins
Érigée en 1667 à proximité de l'ancienne Porte d'Orbitelle, cette fontaine baroque ornée de quatre dauphins à écailles est l'œuvre du sculpteur Jean-Claude Rambot. Surmontée d'un obélisque à l'image des fontaines romaines, elle participe à l'embellissement de la place. La petite pomme de pin qui la couronne remplace la statue de Saint-Michel originelle.

L'hôtel de Réauville ou de Caumont

D'après les plans de Robert de Cotte, Georges Vallon, associé à Jean-Baptiste Rambot et Bernard Toro, exécute, entre 1715 et 1742, les travaux de construction de l'hôtel de Joseph de Rolland de Tertulle de Réauville, marquis de Cabanes, président à la Cour des Comptes. En 1752, François de Bruny, baron de La Tour-d'Aigues, s'en porte acquéreur. Sa fille Pauline épouse Monsieur de Caumont dont l'hôtel prend le nom. Le conservatoire de Musique Darius Milhaud y est aujourd'hui installé. Né à Marseille en 1892, Darius Milhaud passe son enfance à Aix-en-Provence. Sa famille vit dans l'ancienne auberge du Bras d'Or, 2 place Jean-Baptiste Niollon, à l'extrémité méridionale du cours Sextius. Le jeune Darius aime parcourir cette artère alors très animée, à la limite de la vieille ville et de ses faubourgs. Darius écoute les chants qui montent de la terre, les sons de la nature. Aix et sa campagne inspirent le musicien. Formé au Conservatoire de Paris, Darius Milhaud fait partie du groupe des Six. Il est un des compositeurs les plus féconds de tous les temps : environ 450 numéros d'opus, douze symphonies, dix-huit quatuors à cordes, d'innombrables concertos et œuvres de chambre, mélodies, cantates, opéras : « le Pauvre Matelot » (1926), « Christophe Colomb » (1930), « La Suite provençale » (1936) et « Scaramouche » (1937), et ballets : « le Bœuf sur le toit » (1918), « l'Homme et son désir » (1921) et « la Création du monde » (1923). Mort à Genève en 1974, il est enterré à Aix-en-Provence au cimetière Saint-Pierre.

Le cours Mirabeau

« Un immense vaisseau formé d'arbres royaux et d'architecture, où le plus misérable, dès le moment qu'il y pénètre, se sent ennobli, un lieu béni par tous les genres de relations qu'elles soient de civilité, d'amitié, de galanterie ou d'oisiveté, un nom qui à lui seul évoque une ville, une province et des saisons, sans oublier Cézanne, Vauvenargues et Mozart »
(Pierre Dalloz, en préface à Ordonnances*, par Fernand Pouillon)*

Pour unir le quartier Mazarin à la ville comtale, le Parlement de Provence décide de créer en 1649-1651, un cours à carrosses sur l'emplacement des remparts sud abattus.
Le cours constitue une autre avant-première urbanistique : pour la première fois en France apparaît un espace urbain qui associe l'agrément d'une promenade plantée d'arbres à l'ordonnance majestueuse des hôtels particuliers. En 1649, dans son « Histoire de la ville d'Aix », P. J. de Haitze décrit ainsi le cours : « Place à laquelle on donna aussitôt le nom de cours, à cause des courses ou promenades auxquelles elle est destinée. Elle a deux cent vingt cannes de longueur pour vingt de large, plantée de quatre rangées d'ormes, qui forment une grande allée entre deux moyennes. Dans la suite elle a été bordée de très belles maisons, et ornée de quatre fontaines, en sorte qu'il est vrai de dire qu'elle n'a pas son égale, et qu'aucune autre ville n'a dans son enceinte un si beau lieu de promenade ». En 1689, le marquis de Préhac note que « les gens de qualité de la ville s'y promènent en carrosse l'après-dîner, et le soir à pied ». En 1748, le conseil de ville décide que « des cafés seuls pourront y être établis et nulle autre boutique d'artisans ». Le 3 novembre 1876, par arrêté municipal avec approbation du président Mac-Mahon, le cours « d'Orbitelle » prend l'appellation de cours Mirabeau.

Statues des Sciences et des Arts, et de l'Industrie et des Arts Décoratifs, en bas du cours Mirabeau

La fontaine de la Rotonde

Les Aixois appellent la Rotonde la place du Général de Gaulle, qui au carrefour des grands axes routiers marque le début du cours Mirabeau. La fontaine circulaire qui en occupe le centre depuis 1860, est la plus grande des fontaines d'Aix avec ses 32 m de diamètre et 12 m de hauteur. Son bassin est décoré de douze lions, et de six cygnes chevauchés par des putti, en bronze, œuvres du sculpteur aixois François Truphème. Des dauphins sculptés par F. Michel sur le piédestal hexagonal complètent ce décor. Sa vasque en fonte est surmontée de trois statues représentant de façon allégorique les trois principales villes de Provence : Aix sous les traits de la Justice, sculptée par Ramus, est tournée vers le cours Mirabeau, Marseille sous les traits de l'Agriculture, sculptée par Chabaud, regarde vers le sud, Avignon sous les traits des Beaux-Arts, sculptée par Ferrat, montre la route de la cité papale, vers l'ouest.

Fontaine de la Rotonde

Fontaine de la Rotonde

Le passage Agard

Le passage Agard relie la place Verdun au cours Mirabeau. Il porte le nom de Félicien Agard qui perça en 1846 le débouché sur le cours. Cette rue pittoresque traverse un des plus importants couvents de la ville avant la Révolution : le couvent des Grands Carmes. Certains éléments architecturaux de sa chapelle, de son cloître et de l'église de l'ancienne Madeleine sont encore visibles dans les bâtiments actuels. Si l'extrémité sud du passage Agard est si étroite, c'est parce que Félicien Agard ne parvint pas à acquérir le numéro 57 du cours.

Le café des Deux Garçons

En 1660, François de Gantès, seigneur de Valbonnette, procureur général du roi, achète en haut du cours, l'auberge du Cheval Blanc. Sur cet emplacement, son fils, Jean-François, construit l'hôtel particulier actuel. En 1716, Marc-Antoine d'Albert du Chaine acquiert l'hôtel qu'il revend, en 1742, à un négociant, Monsieur Jaubert. En 1750, Monsieur Guion rachète la noble demeure qui devient le siège d'un Cercle qui est sous l'Empire, le rendez-vous de la jeunesse dorée de la ville. Le café s'enrichit alors d'un somptueux décor Empire où les ors des boiseries alternent avec les verts des murs. En 1823 Monsieur Guérin en devient le nouveau propriétaire. Sous Louis-Philippe, deux garçons de café qui servaient au café Joseph (61 cours Mirabeau) rachètent le café Guérin qui devient le café des Deux Garçons. Vers 1872, une nouvelle génération littéraire s'y retrouve autour de Paul Alexis. On y retrouve quelques fois le peintre Paul Cézanne qui le fréquente jusqu'à la fin de sa vie. Le 8 octobre 1906, il écrit à son fils : « Hier soir, j'ai passé, de 4 à 7 heures

Passage Agard

environ, l'avant dîner avec Capdeville, Niollon, Fernand Bouteille…, au café des Deux Garçons ».

Café des Deux Garçons

Café des Deux Garçons

Hôtel Maurel de Pontevès puis d'Espagnet

Pierre Maurel, commerçant en draps, connaît une ascension sociale fulgurante. Il occupe successivement les fonctions de maître des courriers des postes en la Généralité de Provence, secrétaire archiviste à la Cour des Comptes en 1639, trésorier général des États de Provence, conseiller à la Cour des Comptes, intendant général des finances. Veuf de la fille d'un aubergiste, il épouse Suzanne du Laurens dont la mère était née d'Albertas. Veuf une seconde fois, il se remarie avec Diane de Pontevès, fille d'Honorade de Castellane. Sept mois avant sa mort en 1672, des lettres patentes lui assurent la noblesse héréditaire. La fortune qu'il lègue à sa mort est considérable : 2 039 345 livres à partager entre… 18 enfants, issus de ces trois mariages.

L'hôtel Maurel de Pontevès est la première grande demeure construite dans le nouveau quartier Mazarin. Jusqu'en 1649, la façade septentrionale, bien que très richement décorée ne possède qu'un très modeste portail. Le Cours n'étant pas encore aménagé, les fenêtres de l'hôtel particulier ouvrent sur l'ancien rempart médiéval. Lorsque le Parlement décide en 1649-1651 d'aménager un « cours à carrosses » sur l'emplacement de l'enceinte abattue, Pierre Maurel commande à Pierre Pavillon la construction d'un portail monumental à atlantes.

L'hôtel d'Arbaud-Jouques

Construit sur la partie ouest de l'hôtel de Valbelle-Meyrargues par Jean-Baptiste Franque, vers 1732, pour André-Elzéar d'Arbaud, seigneur de Jouques, conseiller au Parlement puis président à mortier en 1740. C'est dans cet hôtel que s'arrêtèrent Charles IV d'Espagne en 1812 et le duc d'Angoulême en 1815. Le balcon en fer forgé du XVIIIe siècle est orné d'un médaillon ajouré aux chiffres d'Arbaud-Jouques. À et J s'entrelacent sous le mortier, la toque qui coiffait les présidents au Parlement.

L'hôtel du Poët

Avant la création du Cours, en 1573, Claude Margalet, possède là, un moulin à eau, dans lequel les boulangers d'Aix viennent moudre leur blé. Sur cet emplacement, Henri Gautier, clerc de notaire, caissier, trésorier général des États, anobli par l'achat des terres nobles du Poët, Valavoire et Vernègues commande à Georges Vallon en 1724 la construction de son hôtel particulier. Anobli par Louis XV, ami de Vauvenargues, Henri Gautier meurt comblé d'honneurs. En 1777 le comte de Provence, futur Louis XVIII, puis en 1814 le comte d'Artois, futur Charles X, assistent du balcon de l'hôtel aux Jeux de la Fête-Dieu.

Hôtel d'Arbaud-Jouques, facade, porte et balcon

L'ancienne chapelle des Carmélites

En 1624, les Carmélites établissent leur couvent hors de la porte Saint-Jean, au coin de la route d'Italie. En 1693, elles font appel à l'architecte Thomas Veyrier pour dessiner les plans, diriger la construction et réaliser la plupart des décors intérieurs de leur nouveau monastère. La première pierre de l'église est posée le 19 mars 1695. La nef, en croix grecque, est couverte d'une coupole ovale à lanternon dont les pendentifs reposent sur un large entablement soutenu par de puissants pilastres corinthiens. En 1697, les religieuses confient à Laurent Vallon, architecte de la Ville la réalisation de la façade principale avec ses pilastres colossaux, qui se dresse au-dessus d'un perron de neuf marches. En 1816, l'abbé de Mazenod fonde dans l'ancien couvent des Carmélites l'ordre des Missionnaires de Provence, devenus en 1826, les Oblats de Marie-Immaculée.

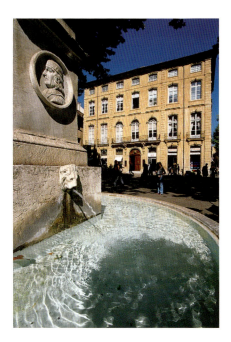

Hôtel du Poët, fontaine du roi René
Chapelle des Carmélites et cloître

SEXTIUS-MIRABEAU

Le Pavillon Noir

Accueilli en 1996 à Aix-en-Provence, le ballet Preljocaj est hébergé à la Cité du Livre. L'architecte marseillais Rudy Ricciotti lui donne son nouveau lieu, le pavillon Noir qui se dresse comme un château de cartes de béton dans le nouveau quartier Sextius-Mirabeau. Il s'agit du premier bâtiment construit spécifiquement pour accueillir un Centre Chorégraphique National qui propose tout au long de l'année des spectacles de danse contemporaine et favorise les échanges avec le public. Le pavillon de verre et de béton abrite une salle de spectacle de 378 places en gradins et quatre studios de répétition visibles depuis la rue.

La Cité du Livre

L'usine d'allumettes qui date de la fin du XIXe siècle ferme ses portes en 1972. Avec ses 14 000 m², elle est alors une vaste friche industrielle aux portes de la ville. En 1989, après une première tranche de travaux la Bibliothèque Méjanes quitte ses locaux de l'Hôtel de Ville pour s'établir dans la partie dite « Grandes Allumettes ». Les « petites Allumettes » seront à leur tour investies par différents ateliers d'impression, d'écritures, des salles d'exposition, de cinéma et de spectacle. En 1993, la Cité du Livre est inaugurée et accueille ses partenaires associés : les Écritures Croisées, l'Institut de l'Image, la Fondation Saint-John Perse, le département Métiers du Livre de l'IUT d'Aix, les Ateliers du Livre, les Amis de la Bibliothèque Méjanes, les Rencontres Cinématographiques Aixoises, le Ballet Preljocaj, le Centre Albert Camus.

Fontaines, oratoires, portes et mascarons

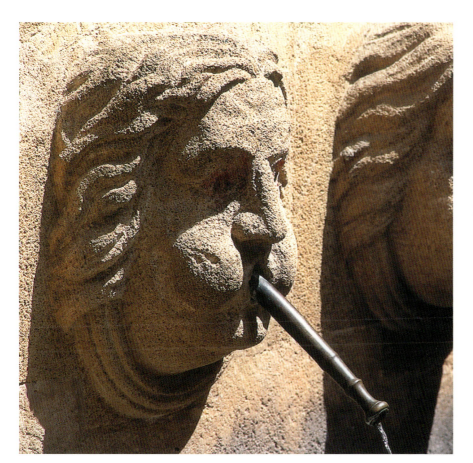

Fontaine de la place de l'Hôtel de Ville
Fontaine des Chapeliers

« Aix, un aveugle croit qu'il pleut,
Mais s'il pouvait voir sans sa canne
Il verrait les fontaines bleues
Chanter la gloire de Cézanne »

Ce quatrain de Jean Cocteau évoque les nombreuses fontaines qui contribuent au charme d'Aix, ville d'eau, ville d'art. Le centre historique en compte vingt-sept, construites dès le XVIe siècle, en remplacement de puits médiévaux ou d'abreuvoirs, et ce jusqu'à la période contemporaine comme en témoigne la fontaine Amado érigée en 1977.

La fontaine de la Rotonde
Elle marque l'entrée de la ville depuis le XIXe siècle. L'eau qui est aux origines d'Aix coule ici en abondance dans ses vasques et bassins et jaillit en jets puissants de la gueule des dauphins.

La fontaine des Neuf Canons
1691, cours Mirabeau
Construite en 1691, la fontaine servait d'abreuvoir pour les troupeaux en transhumance selon une servitude due à la ville d'Arles.

La fontaine d'Eau Chaude ou fontaine Moussue
1667-1734, cours Mirabeau
Érigée en 1667, la fontaine est alimentée, depuis 1687, en eau thermale à 18 °C. Les concrétions calcaires recouvrent les quatre angelots qui supportaient autrefois la vasque.

La fontaine de Roi René
1819, haut du cours Mirabeau
En 1697, une première fontaine utilise le droit d'eau de l'ancien couvent des Carmélites (église des Oblats, place Forbin). La fontaine actuelle construite à partir de 1819 par David d'Angers est surmontée d'une statue du roi René, tête couronnée, tenant un sceptre et une grappe de raisin muscat, variété qu'il introduisit en Provence.

La fontaine d'Argent
1758, rue Fontaine d'Argent
Le nom de cette fontaine érigée en 1760 reste énigmatique. Le coût élevé de sa construction, le dédommagement versé au propriétaire du mur contigu, puis

Fontaine des Neufs canons et fontaine des Fontêtes

l'amende qui lui est infligée pour détournement de l'eau, sont autant d'affaires d'argent qui la marquèrent à jamais.

La fontaine des Fontêtes
1715, place des Fontêtes, en bas de la place des Cardeurs
En provençal « fontête » signifie petite fontaine. En 1676, les nombreuses sources qui alimentent ce quartier sont réunies en un puits remplacé par une fontaine vers 1715. En 1858, la fontaine est surmontée d'une statue de faune reproduisant la statue originale volée.

La fontaine de l'Hôtel de Ville
1755, place de l'Hôtel de Ville

La fontaine Pascal
1687-1922, en haut du cours Sextius
Offerte à la ville en 1922 par l'industriel aixois Sylvain Pascal, en remplacement d'une fontaine plus ancienne, elle est alimentée en eau froide, et en eau thermale chaude qui coule de la borne adossée au bassin.

Fontaine de la place des Trois Ormeaux et fontaine du roi René

Fontaine Pascal, Fontaine des Fontêtes, Fontaine d'Argent, Fontaine de la Rotonde
Fontaine Pascal et Fontaine d'Espéluque

LES ORATOIRES

Le centre historique d'Aix-en-Provence avec ses différents quartiers, le bourg Saint-Sauveur, la ville comtale, les quartiers Villeneuve, Villeverte et Mazarin, le cours Mirabeau, comptait à la veille de la Révolution, quatre-vingt-douze oratoires de rue dont plus d'une cinquantaine sont parvenus jusqu'à nous, sauvés par quelques amoureux du patrimoine. Installées dans des niches d'angle ou de façade, ces statues étaient censées apporter la miséricorde divine et permettaient à chacun de suivre les messes célébrées à leur pied pendant les épidémies de peste qui ont parfois exterminé la moitié de la population aixoise. En 1835, 1837 et 1849, quand apparaissent les épidémies de choléra, les Aixois se hâtent de se placer sous la protection de la Vierge et des saints habituellement invoqués. Seule ou tenant l'enfant Jésus dans ses bras, la Vierge Marie est le plus souvent représentée. Les Aixois se placent également sous la protection de Saint Honorat (oratoire, place Saint-Honorat), de Saint-Antoine de Padoue (oratoire, cours Mirabeau) et de Saint-Jacques, patron des voyageurs (oratoire, place Richelme). Mais Saint-Roch est plus particulièrement invoqué contre la peste. Ce dernier est souvent représenté montrant ses plaies, accompagné d'un chien qui lui apportait tous les jours un morceau de pain dérobé à la table de son maître (oratoire, rue Espariat). Dans la rue Esquicho-Coudo, Notre-Dame de Grâce, la Vierge Noire, datée de 1665, est la plus ancienne statue des oratoires aixois. Trois statues portent la date 1849 dont celle de Saint-Jacques dans l'oratoire de la place Richelme.

Oratoires, rue de Gaston Saporta, rue Thiers, rue Esquicho-Coudo, rue des Cordeliers, Oratoire de Saint Honorat

Oratoires,
Vierge à l'Enfant, rue Mignet
Saint Roch, rue Espariat
Vierge à l'Enfant, place des Fontêtes
Saint Antoine de Padoue, cours Mirabeau
Vierge à l'Enfant, rue Méjanes
Le Christ aux Liens, rue de la Treille
Vierge, rue Thiers
Saint Roch, place Richelme
Vierge à l'Enfant, place des Trois Ormeaux
Vierge à l'Enfant, cours Mirabeau
Vierge à l'Enfant, place Richelme

Les portes

Il n'est pas nécessaire de les franchir. Simplement les admirer, les respecter, ces vieilles dames de bois qui pour les plus anciennes portent leurs trois cents ans sans une égratignure. Les XVIIe et XVIIIe siècles nous ont laissé des chefs-d'œuvre dignes des plus précieux travaux d'orfèvrerie ou de reliure. Il faut se promener dans les rues d'Aix, à la recherche de ces trésors d'ébénisterie et laisser libre cours à son imagination lorsque l'une d'elles s'entrouvre sur un monde aujourd'hui disparu.

Hôtel de Cormis, 15 rue des Epinaux

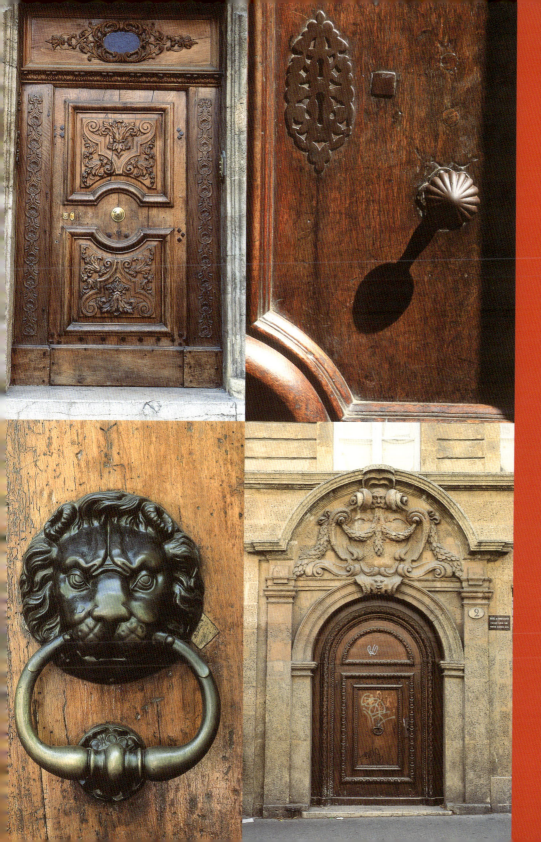

Hôtel de Cormis,
15, rue des Epinaux

Hôtel Adanson,
1, rue Adanson

Hôtel de Boisgelin,
place des Quatre Dauphins

Hôtel de Saphallin,
3, place des Trois Ormeaux

Hôtel Maurel de Pontevès,
38, cours Mirabeau

Hôtel de Fontvert,
2, rue de Littera

Hôtel de Littéra,
7, rue de Littera

Hôtel de Montauroux,
65, cours Mirabeau

Hôtel de Cormis,
15, rue des Epinaux (détail)

Hôtel Maurel de Pontevès,
38, cours Mirabeau

Hôtel de Roquesante,
2, rue Thiers

Hôtel de Croze-Peyroneti
13, rue de Aude

Les Mascarons

Hôtel de Gassier,
10, rue Mignet

Hôtel Gassendi,
44, cours Mirabeau

Hôtel du Poët,
haut du cours Mirabeau

Maison,
4, rue de Littera

Maison,
4, rue de Littera

Hôtel d'Arbaud,
7, rue Maréchal Foch

Hôtel d'Arbaud,
7, rue Maréchal Foch

Hôtel de Gassier,
10, rue Mignet

Hôtel de Roquesante,
2, rue Thiers

Ces petits masques de pierre peuplent toutes les façades des hôtels particuliers de la ville. Leur expression est parfois si réaliste et si humaine qu'on aimerait qu'ils parlent. Ils en ont vu passer des siècles. De leurs yeux grands ouverts, ils ont été les témoins de l'histoire d'Aix et des histoires qui se sont déroulées derrière ces murs. Lorsqu'ils nous tirent la langue au-dessus de leurs portes, c'est en toute amitié, pour nous souhaiter la bienvenue dans la maison de leur maître. D'abord cantonnés au niveau des portails, ils envahissent avec le XVIIIe siècle la totalité des façades. Ils sont dieux ou humains, coiffés de casques, de turbans ou de chapeau de paille. Ils évoquent le goût de leurs propriétaires qui ont laissé dans la pierre la marque de leur raffinement.

Hôtel d'Arbaud, 7 rue Maréchal Foch

Les bastides du Pays d'Aix

Domaines de rapport dotés de ressources agricoles et industrielles (fabrique de tuiles, faïenceries, carrières de pierre), les bastides du Pays d'Aix sont aussi des demeures de loisirs.

Au départ, il y a la terre et les bâtiments nécessaires à son exploitation, ferme, remises, écuries, bergeries ou jas, greniers à foin, loge à cochon, pigeonnier, moulin…

Puis à partir de la fin du XVIe siècle, ces vastes exploitations agricoles, acquises par les parlementaires aixois, deviennent le cadre de demeures de plaisance : parcs traversés d'allées majestueuses, bassins, fontaines et statues, jardins d'apparat ou de propreté inspirés des parterres de Le Nôtre, tèses pour les petites chasses, créent un cadre de vie à la hauteur des moyens et des rêves de leurs illustres propriétaires.

La bastide provençale a donc des caractéristiques inscrites dans son espace. Plus d'une centaine, réparties dans un rayon de 13 km autour d'Aix, répondent toujours à ces critères.

Ces demeures de plaisance sont appelées pavillons lorsqu'elles sont situées dans les faubourgs, aux portes de la ville. Ces pavillons dressent leurs magnifiques façades à l'extrémité des perspectives d'allées de jardins à la Française.

Les bastides trouvent leur abri plus loin, dans la campagne. Leurs propriétaires vivent de la terre qui les entoure. Nombreux sont les pavillons et bastides qui conservent encore aujourd'hui le nom de ces illustres familles : Vendôme, Trimont, Gaufridy, Lenfant, la Mignarde, la Gaude, la Pioline.

Si dans le sud-ouest de la France, le nom de bastide est donné aux villeneuves, créées aux XIIIe et XIVe siècles, en Provence il dérive de « bastir », bâtir.

Apparues au XVIe siècle, les bastides se multiplient aux XVIIe et XVIIIe siècles. Les premières bastides ont toutes les apparences d'une maison fortifiée : murs épais percés de meurtrières, tours d'angles, fenêtres aux étages, comme à la Calade ou au Grand Saint-Jean.

Leur architecture évolue à la fin du XVIIe siècle et prend modèle sur les hôtels particuliers du centre-ville. Mais c'est au XVIIIe siècle que la bastide aixoise trouve sa véritable identité, –plan souvent carré, façade massive et sobre, de construction très soignée–, au point de devenir un véritable stéréotype.

Pavillon de Vendôme

Le pavillon de Vendôme

Le pavillon de Vendôme est construit entre 1665 et 1668 par Louis de Vendôme, duc de Mercœur, gouverneur de Provence de 1653 à 1669, pour abriter ses amours secrètes et interdites avec Lucrèce de Forbin Solliès, « la belle du Canet ». Pierre Pavillon, « sculpteur et architecte de Monseigneur le duc de Vendôme » réalise là sa dernière œuvre, assisté par Antoine Matisse, et réalise un remarquable monument baroque, fortement influencé par le goût parisien. En 1665, Jean-Claude Rambot (1621-1694) sculpte les atlantes, les festons, masques et frises qui entourent le portail monumental. Le rez-de-chaussée est alors occupé par une galerie ouverte aux deux extrémités pour le passage des carrosses. Le pavillon est couronné d'un comble mansardé. Racheté en 1682 par l'avocat général Jean-Baptiste Gautier de la Molle qui en fait sa résidence principale le pavillon est radicalement transformé entre 1682 à 1688 par Laurent et Jean Vallon. Pour remplacer le grand escalier de vanité, Laurent Vallon imagine un escalier à double révolution auquel Pierre Michel, « maître sculpteur sur plâtre de la ville d'Aix », donne son nouveau décor: rinceaux et chutes végétales, sphinges, aigles et putti. Emmanuel Sieyès peint en 1688 le décor du petit salon de Flore. Gautier de la Molle fait également construire les deux pavillons du parc. En 1735, de retour à Aix, le peintre Jean-Baptiste Van-Loo se porte acquéreur du pavillon qu'il fait surélever d'un étage. Des pilastres corinthiens complètent les deux ordres originaux de l'élévation.

Pavillon de Vendôme

Le pavillon de Lenfant,

maison des champs d'un fastueux commissaire aux guerres.

Le pavillon Lenfant a été construit pour Simon Lenfant, trésorier général de France, commissaire aux guerres et intendant de Monaco, en 1685, comme l'indique la date inscrite dans le cadran solaire. C'est au maître-maçon et architecte Antoine Devoux et aux maîtres-gypiers Jean-Antoine et Jacques Raymond que Simon Lenfant confie le chantier de sa maison de campagne.

À l'extérieur, d'un goût très classique et très français, avec son volume cubique, ses contreforts à refends et sa puissante corniche, il offre à l'intérieur les décors les plus baroques qu'on puisse imaginer : cheminées de stuc somptueusement sculptées, escalier à double révolution de tracé courbe, dans une cage de plan ovale inspiré de celui du pavillon de Vendôme. Les peintures du grand salon et de l'escalier sont réalisées en 1712 par Jean-Baptiste Van-Loo (1684-1745). Sur le plafond du grand salon, il peint, en un temps record de dix-sept jours, « Apollon, Artémis et leur cortège de muses » et sur la coupole de l'escalier, une « Assemblée des Dieux ». La cheminée monumentale, en bois doré, du grand salon provient de l'hôtel de Lucrèce de Forbin-Solliès, rue de la Verrerie, pour lequel elle avait été commandée par le duc de Vendôme vers 1665 à Jean-Claude Rambot. Le tableau central est une allégorie des visites nocturnes faites par la Belle du Canet au duc de Vendôme, en son pavillon du faubourg des Cordeliers. La porte du pavillon, d'une qualité exceptionnelle, exécutée vers 1715, peut être attribuée à Bernard Toro (1661-1731).

Le parc de la Mignarde et ses statues

La Mignarde

La bastide conserve le nom de son premier propriétaire, Gabriel Mignard, bourgeois et confiseur ordinaire du maréchal-duc de Villars, gouverneur de Provence. Son fils, Sauveur Mignard, entrepreneur de bâtiments, qui avait connu lors de l'adjudication de la démolition du palais comtal, l'architecte Claude-Nicolas Ledoux et le sculpteur Barthélémy-François Chardigny, associés à la construction du nouveau palais de Justice, transforme, entre 1770 et 1780, la bastide de son père en un petit château dont la façade ne compte pas moins de 26 fenêtres. Les Mignard possèdent la bastide jusqu'en 1806. Jean-Baptiste Rey, commissaire aux guerres de Napoléon la rachète et y accueille Pauline Borghèse en 1807. Joseph Rigaud, premier président de la cour d'appel d'Aix-en-Provence, député et maire d'Aix sous le second Empire acquiert la propriété en 1858. Il fait remplacer les jardins de Le Nôtre par un jardin anglais dessiné par Despont de Marseille.

Buste de Pauline Borghèse
La radassière du grand salon Louis XVI

La Gaude ou Laurette

La bastide est rénovée vers 1750 par Charles-François-Joseph Pisani de la Gaude, conseiller au Parlement d'Aix, pour l'amour de sa belle qui mourra sans avoir pu apprécier la beauté des lieux. De chagrin, le conseiller rentre dans les ordres. Grâce à la protection de son oncle, Mgr Reboul de Lambert, évêque de Saint-Paul-Trois-Châteaux, il devient évêque de Vence et de Namur, où il meurt en 1826. La façade méridionale à deux étages de cinq fenêtres, en pierre de Bibémus, est surmontée d'un fronton surbaissé. Le vaste jardin à la Française conserve son parterre en labyrinthe bordé de bassins, ses bosquets, sa tèse (téso de tendere, tendre), et offre un magnifique panorama sur Sainte-Victoire. Les Chiens marins qui ornent la terrasse et la chapelle sont attribués au sculpteur Jean-Pancrace Chastel. Au XIXe siècle, les d'Arlatan de Lauris (d'où l'autre nom de Laurette), puis les Benaud de Lubières, enfin les Bonnecorse en sont propriétaires avant de vendre le domaine en 1885 à Louis Gastaud, entrepreneur aixois, qui le fait restaurer. En 1938, le baron d'Arnaud de Vitrolles, ambassadeur de France aux Pays-Bas en devient propriétaire. La bastide est aujourd'hui au cœur d'un domaine viticole.

La Pioline

La bastide de Verdaches appartient au XVIe siècle aux Rodulphe, seigneurs de Verdaches. La bastide est rachetée dans la seconde moitié du XVIe siècle par Arnaud Borrilli, trésorier du roi en Provence et prend le nom de Beauvoisin. Catherine de Médicis y passe deux jours en juin 1579, ce qui vaut au domaine d'être érigé en fief noble par Henri III en 1580. En 1613, Beauvoisin est vendue à Guillaume du Vair, premier président au Parlement. Devenu Garde des Sceaux, le président humaniste vend en 1616 sa maison de campagne à Reynaud de Piolenc, écuyer d'Aix. Ses descendants, seigneurs de Beauvoisin conserveront le fief jusqu'en 1760. Un salon et un boudoir couvert d'une coupole conservent les décors de gypseries réalisés pour les Piolenc au XVIIe siècle. Par mariage le domaine entre dans le patrimoine des Meyronnet, marquis de Châteauneuf. En 1770, Paul-Joseph de Meyronnet-Châteauneuf, conseiller au Parlement de Provence, confie à l'architecte de la ville, Laurent III Vallon, le réaménagement de la bastide. Beauvoisin devient la Pioline en souvenir des de Piolenc. En 1772, il construit une nouvelle aile en retour sur la cour qui abrite le salon doré à colonnes terminé en 1774. Dans le jardin les vases sculptés de scènes mythologiques sont attribués à Jean-Pancrace Chastel (1726-1793). Pour éloigner de la maison tous les animaux domestiques, Monsieur de Meyronnet demande à l'architecte Aubespin, les plans d'une petite ménagerie, l'hôtel de « Pourceaugnac » comme il la nomme, située au nord-est de la cour

d'honneur. En 1808, Balthazar Moutte, fabricant de toiles peintes et négociant rachète le domaine. En 1829, la bastide appartient au duc de Blacas, ami de Louis XVIII et de Charles X. En 1920, monsieur de Villèle, notaire à Auriol, la possède. Ravagée par un incendie en 1936, elle est sauvée d'une mort lente en 1969 par Monsieur Vian qui entreprend sa restauration et son classement. André Armand la rachète en 1987 pour la transformer en hôtel. Après 9 mois de travaux, l'établissement, remarquablement restauré ouvre ses portes en 1991.

Les jardins d'Albertas

Jean-Baptiste d'Albertas (1716-1790), marquis de Bouc, devient premier président en la Cour des Comptes, Aides et Finances de Provence en 1746. En 1751, il envisage de construire un nouveau château dans le vallon de Bouc, au sommet d'un vaste jardin aménagé en terrasses, face à l'entrée de son petit pavillon de chasse. Pour alimenter en eau les bassins, nymphées et fontaines, cinq sources sont captées au pied des collines de Bouc, assurant un débit de 300 litres à la minute. Depuis la grille d'entrée, aux armes des Séguiran et Albertas, l'allée principale conduit à « la nappe d'eau », et sépare sur toute sa longueur deux vastes prairies. Au-delà des platanes de l'allée transversale, le grand canal est alimenté par onze masques de pierre. À droite, la salle de fraîcheur aménagée dans un pavillon octogonal conserve son décor de concrétions et de galets. Des figures qui décoraient le bord du « bassin des dix-sept jets », restent huit tritons qui soufflent dans des conques et recrachent l'eau dans le bassin et six atlantes qui supportent la corniche. Quatre statues colossales le surplombent : Hercule, David, Samson et le gladiateur d'Éphèse, copie du marbre sculpté par Agasias d'Éphèse. Le château prévu là, au sommet de cette grandiose perspective, ne sera jamais construit. Jean-Baptiste d'Albertas est assassiné le 14 juillet 1790, à Gémenos alors qu'il offre un banquet à la Garde Nationale en l'honneur de la Fête de la Fédération.

Le pavillon de Trimont

Construit à la fin du XVIIe siècle pour le conseiller au Parlement Louis de Thomassin de Mazaugues (1647-1712), célèbre bibliophile possédant les manuscrits de Peiresc, le pavillon est la parfaite expression du classicisme aixois: un seul étage sur sous-sol, un perron en fer à cheval, une façade ouverte de fenêtres et demi-fenêtres cintrées et d'un petit portail sobrement mouluré, couronnée par une génoise à cinq rangs de tuiles. Les deux niveaux intérieurs abritent alors les cuisines et la serre au sous-sol, et un salon, une chambre à alcôve, un boudoir et une salle de bain à l'étage. Seul un architecte de la qualité de Laurent Vallon a pu réaliser ce chef-d'œuvre de grâce et de proportion. Devant le pavillon, les parterres sont dessinés dans la tradition du XVIIe siècle. Ils sont séparés d'un boulingrin (de Bowling green, gazon pour jeux de boules) par une balustrade en pierre ornée d'un écusson aux armes des Mazaugues. Au nord, le jardin à l'anglaise s'organise autour d'une fontaine à trois dauphins surmontée d'une corbeille de fleurs.

La fille du conseiller, Gabrielle de Thomassin de Mazaugues, épouse Louis de Trimond, seigneur de Pymichel. Le pavillon sera désormais désigné sous le nom de son nouveau propriétaire. Acheté par les Gazeau en 1925, il est acquis après la seconde guerre mondiale par les David.

Le pavillon de chasse du roi René

À l'est du château de Valabre se dresse sur les berges du torrent de Luynes, le pavillon dit du roi René dont la construction, vers 1573-1583, pourrait être attribuée à Barthélémy de Thomas-Milhaud. En l'absence de tout document relatif à cet édifice, quelque érudit local, au début du XXe siècle, en attribua la paternité au dernier comte de Provence. Seule une analyse stylistique permet de dater de la fin du XVIe siècle, soit un siècle après sa mort, cette construction. De plan carré, flanqué aux angles de tours en saillie d'où son autre appellation de pavillon des Quatre Tours, il comporte un entresol de caves voûtées, un rez-de-chaussée surélevé de quelques marches et un étage sous une toiture à double bâtière. Les deux façades est et ouest sont rythmées de hautes colonnes de pierre qui soutiennent un large avant toit. Charles de Thomas-Milhaud hérite des biens de son père en 1590. Il vend à Antoine de Rians le bâtiment des Quatre Tours. En 1606, Anne Fabri le rachète et son fils Gaspard le cède aux religieuses Feuillantines de Toulouse. En 1632, Joseph de Gautier, prieur de La Valette, grand astronome et mathématicien, ami de Gassendi, en devient propriétaire. En 1645, il le lègue à son cousin, Antoine de Gautier, conseiller au Parlement qui reconstitue en deux ans le domaine de Valabre, racheté dans son intégralité à ses descendants en 1683 par Pierre de Gueidan, écuyer d'Aix.

Le château du Tholonet

Seigneurie des archevêques d'Aix, puis des Jarente et des Albertas, les terres du Tholonet resteront entre les mains des Gallifet de 1637 à 1887, mise à part une brève interruption pendant la Révolution. En 1637, Alexandre de Gallifet, président aux Enquêtes du Parlement, achète aux Albertas la seigneurie du Tholonet et entreprend, en 1643, la reconstruction du château. Tandis que les descendants de son fils aîné, Pierre, font carrière et fortune outre Atlantique, ceux de son cadet, Jacques, se transmettent la seigneurie du Tholonet.

En 1778, le petit-fils de Jacques, Simon-Alexandre de Gallifet (1713-1793), président aux Enquêtes hérite d'un « oncle d'Amérique », Joseph dit « l'inflexible », planteur à Saint-Domingue.

Entre 1694 et 1778, l'accroissement des biens des Gallifet, dû à cet héritage, est spectaculaire.

La fortune colossale des Gallifet s'élève à 15 millions de livres et permet au châtelain et à son fils, Louis-François-Alexandre (1745 ou 48 – 1830), de mener grand train.

Le comte de Mougins-Roquefort écrit : « le marquis de Gallifet dépensait sans compter les immenses revenus qu'il tirait soit de ses plantations de Saint-Domingue, soit de la bourdigue (parc à poissons) du roi, dont il était le propriétaire à Martigues ».

Le château est alors considérablement agrandi : deux ailes en retour encadrent le corps de logis principal et abritent derrière une façade d'une extrême simplicité, treize appartements, des salons, et une salle de théâtre de 400 places, aménagée dans l'aile orientale. Le château du Tholonet devient l'un des centres principaux de la vie mondaine aixoise. Louis-François-Alexandre de Gallifet y tient théâtre de société et cour d'amour autour d'Émilie de Marignane, épouse de Mirabeau. Il ne reste rien du cadre de ces raffinements, détruit par un incendie au XIXe siècle.

En 1959, la Société du Canal de Provence rachète le château des Gallifet et entreprend sa restauration.

Aix, ville de Cézanne

« Quand j'étais à Aix, il me semblait que je serais mieux autre part, maintenant que je suis ici, je regrette Aix… quand on est né là-bas, c'est foutu, rien ne vous dit plus »
(Lettre de Paul Cézanne à Philippe Solari, écrite de Talloires, le 23 juillet 1896).

L'atelier des Lauves

Tous les admirateurs de Cézanne le savent bien, c'est ici que l'on ressent avec le plus d'intensité la présence du peintre. En novembre 1901, Cézanne achète à Joseph Bouquier, une petite propriété de campagne entourée de 7 000 m² de terrain agricole, planté d'oliviers et de figuiers, bordé par le canal du Verdon, sur la colline des Lauves. Le chantier achevé après dix mois de travaux, Cézanne écrit à sa nièce, Paule Conil, le 1er septembre 1902 : « La petite Marie a nettoyé mon atelier qui est terminé et où je m'installe peu à peu ». Il rassemble entre ces murs, avec son matériel de peintre, tous les objets qui lui sont chers et qu'il met en scène dans ses dernières natures mortes. Tous les jours, inlassablement, Cézanne quitte son appartement de la rue Boulegon pour venir travailler dans son grand atelier à la campagne. Il se lève très tôt, va à son atelier en toute saison, de six heures à dix heures et demie, revient prendre son repas à Aix, et repart aussitôt après au « motif » ou paysage jusqu'à cinq heures de l'après-midi. Des dizaines d'œuvres, aujourd'hui

conservées dans les grands musées du monde, dont ses dernières « Grandes Baigneuses », ont été peintes dans cet atelier de lumière et de silence. Après la mort de Cézanne, en 1906, l'atelier est resté fermé pendant quinze ans. En 1921, Marcel Provence le rachète au fils de Cézanne et l'occupe jusqu'à sa mort en 1951. Pour le sauver de l'appétit des promoteurs, James Lord et John Rewald, fondent en 1952, le « *Cézanne Memorial Committee* ». À cette sauvegarde participent financièrement cent quatorze donateurs américains. Ils rachètent l'atelier de Cézanne et l'offrent à l'Université d'Aix-Marseille. Inauguré le 8 juillet 1954, le musée atelier de Cézanne est cédé en 1969 à la Ville d'Aix-en-Provence qui en est toujours propriétaire.

Le Jas de Bouffan

Propriété des Truphème, famille de commissaires aux guerres au XVIIIe siècle, le Jas de Bouffan est transmis aux Joursin par le mariage de Justine de Truphème et de Paul-Toussaint Joursin. Leur fils Gabriel-Fernand Joursin en hérite en 1854 et le vend le 15 septembre 1859, à Louis-Auguste Cézanne. Le domaine rural comprend 14 hectares 97 ares. Louis-Auguste Cézanne s'installe au Jas de Bouffan vers 1870. De 1881 à 1885, il fait refaire la toiture de la bastide et fait emménager sous les toits, un petit atelier pour son fils. Le 18 septembre 1899, deux ans après la mort de Madame Cézanne, Cézanne et ses deux sœurs vendent le Jas de Bouffan à Louis Granel, ingénieur agronome polytechnicien originaire de Carcasonne. Dans le grand salon ovale du rez-de-chaussée Cézanne a peint directement sur les murs entre 1860 et 1870 douze grandes compositions qui en ont été détachées à partir de 1912 : « Les quatre saisons : Printemps, Été, Hiver, Automne », « Le portrait de son

Médaillon en bronze de Cézanne par Richard Guino
Statut en bronze de Cézanne par G. Sterk offerte à la ville par « Aix en œuvres » en 2006, située aux abords de la Rotonde
Atelier des Lauves

père, Louis-Auguste Cézanne », « Le paysage au baigneur au rocher », « L'entrée du château », « Le paysage romantique aux pêcheurs », « Le jeu de cache-cache, d'après Lancret », « Le portrait d'Achille Emperaire », « Contraste », « Le Christ aux limbes et la Madeleine pénitente ». De 1866 à 1895, Cézanne installe son chevalet dans le parc, et peint trente-six huiles et dix-sept aquarelles qui représentent la maison et la ferme, les bosquets et l'allée de marronniers, le bassin et ses statues… En 1994, le dernier propriétaire, André Corsy, vend la propriété à la Ville d'Aix-en-Provence, sous réserve d'usufruit, exception faite de la ferme. Il décède le vendredi 27 septembre 2002, à l'âge de 82 ans. La maison de maître et le parc qui l'entoure, classés Monuments Historiques, sont depuis propriété de la Ville d'Aix-en-Provence.

Jas de Bouffan
Atelier des Lauves

Les carrières de Bibémus

En 1896, Numa Coste écrit à Émile Zola : « Il a loué un cabanon aux carrières du barrage et y passe la plus grande partie de son temps ». En août 1897, Cézanne écrit à Philippe Solari :
« Mon cher Solari, dimanche, si tu es libre et si ça te fait plaisir, vient déjeuner au Tholonet, restaurant Berne. Si tu viens le matin, tu me trouveras vers huit heures auprès de la carrière où tu faisais une étude l'avant dernière fois que tu vins ». Cette étude dont parle Cézanne est toujours conservée sur le site. Philippe Solari a sculpté dans un bloc de pierre, à proximité du cabanon loué par Cézanne, une étude anatomique. Lorsque Cézanne installe son chevalet au milieu des carrières, elles ne sont plus exploitées depuis quelques décennies. Leur exploitation s'est étendue de la période romaine à la fin du XVIIIe siècle. Les parois de molasse calcaire conservent des stries obliques qui résultent des coups de pics portés par les carriers dans la roche pour en détacher les blocs. Dans ce paysage chaotique, abandonné des hommes, Cézanne peint entre 1895 et 1904, onze huiles et seize aquarelles. Cinq motifs reproduits dans son œuvre sont encore aujourd'hui identifiables : « Le rocher rouge » conservé au musée de l'Orangerie à Paris, les deux « Carrières de Bibémus » conservées dans la Fondation Barnes et dans la collection Stephen Hahn à New-York, « La carrière de Bibémus » conservée à Kansas City dans une collection particulière, et « La montagne Sainte-Victoire vue de Bibémus », conservée au musée d'Art de Baltimore. Cézanne a également peint la montagne Sainte-Victoire depuis la terrasse du bastidon.

Sainte-Victoire : géologie du massif

La montagne Sainte-Victoire, entièrement constituée de roches sédimentaires est le fruit de plusieurs phénomènes tectoniques majeurs. Au Jurassique (-203 à -135 millions d'années), la mer recouvre la Provence. Au début du Crétacé (-135 à -70 millions d'années), un soulèvement fait émerger des terres et entraîne le recul de la mer. De la fin du Crétacé au Paléocène (-70 à -53 millions d'années), le rapprochement de l'Afrique vers l'Europe entraîne un plissement important et une fracturation des couches de calcaire. Les couches d'argile s'accumulent dans des zones de marécages où vivent les dinosaures. À l'Eocène (-53 à -34 millions d'années), sous l'effet du mouvement pyrénéo-provençal, le pli se rompt et sa partie nord glisse sur sa partie sud en recouvrant une partie des brèches et des argiles. Après avoir avancé sur près de 2,5 kilomètres, en plissant les couches sur lesquelles il glisse, le bloc supérieur s'immobilise. Entre -34 et -5 millions d'années (Oligogène et Miocène), une forte érosion aplanit le relief et le retour de la mer sur les parties basses (-10 à -8 millions d'années), entraîne un nouveau dépôt de calcaire duquel est issue la pierre de Bibémus. Il y a 5 millions d'années, le soulèvement alpin provoque un surélèvement général du massif, de plus de 400 mètres et les fractures laissées par ce dernier mouvement tectonique seront ensuite creusées par les cours d'eau et donneront naissance aux gorges de la Cause et de l'Infernet. Le massif si cher aux Provençaux culmine aujourd'hui à 1011 mètres au Pic des Mouches.

Le mont Ventour devient Sainte-Victoire

Les Celto-Ligures appellent la montagne le « *Vintour* » dont la racine « Vin », commune avec le mont Ventoux désigne un lieu de hauteur. Pour perpétuer le souvenir de la victoire de Marius en 102 av. J.-C., le peuple reconnaissant dresse un arc de triomphe à son libérateur et un temple dédié à la victoire. Finalement, avec le temps, les barbares finissent par avoir raison d'un empire romain décadent. Au Moyen Âge, le christianisme s'impose. Pour chasser les démons du paganisme, la montagne est sanctifiée. Dès le XIIIe siècle, une chapelle dédiée à « Sainte Venture » est construite à son sommet. Dès lors les Provençaux appellent la montagne Sainte-Venture, Sainte-Adventure ou Mont Venture. Au XVIIe siècle, Sainte-Venture devient Sainte-Victoire. Cependant, l'ancien vocable persiste de nos jours dans le nom de « Venturiers » porté par les pèlerins marcheurs qui honorent toujours la sainte, le jour de sa fête, le 24 avril.

Quand Cézanne parle de Sainte-Victoire

En allant à Marseille, je me suis accompagné avec Monsieur Gibert. Ces gens-là voient bien, mais ils ont des yeux de professeurs. En passant par le chemin de fer près la campagne d'Alexis, un motif étourdissant se

développe du côté du levant: Sainte-Victoire et les rochers qui dominent Beaurecueil. J'ai dit: « quel beau motif »; il a répondu: « les lignes se balancent trop ».
(Lettre à Zola, 14 avril 1878)
Longtemps je suis resté sans pouvoir, sans savoir peindre la Sainte-Victoire, parce que je l'imaginais l'ombre concave, comme les autres qui ne regardent pas, tandis que, tenez, regardez, elle est convexe, elle fuit de son centre. Au lieu de se tasser, elle s'évapore, se fluidise. Elle participe toute bleutée à la respiration ambiante de l'air. J'ai besoin de connaître la géologie, comment Sainte-Victoire s'enracine, la couleur géologique des terres, tout cela m'émeut, me rend meilleur.
Regardez cette Sainte-Victoire. Quel élan, quelle soif impérieuse du soleil, et quelle mélancolie, le soir, quand toute cette pesanteur retombe... Ces blocs étaient du feu. Il y a du feu encore en eux. L'ombre, le jour a l'air de reculer en frissonnant, d'avoir peur d'eux; il y a là-haut la caverne de Platon: remarquez quand de grands nuages passent, l'ombre qui en tombe frémit sur les roches, comme brûlée, bue tout de suite par une bouche de feu. (Joachim Gasquet)

Le Barrage Zola
Suite aux épidémies de choléra de 1835 et de 1837, la Ville d'Aix confie à l'ingénieur vénitien François Zola, père d'Émile Zola la construction du barrage et du canal qui portent aujourd'hui son nom. Le propriétaire du château du Tholonet, le marquis de Gallifet, fait valoir ses droits sur ces terres et s'oppose aux travaux. En 1843, le canal Zola est déclaré d'utilité publique et le chantier débute le 4 février 1847. Le 27 mars suivant François Zola décède des suites d'une pneumonie qu'il a contractée là sur le site.

Le Barrage du Bimont
Alimenté par l'eau du Verdon, le barrage du Bimont est l'élément majeur de la branche aixoise du canal de Provence. Construit entre 1946 et 1951 par Joseph Rigaud, il assure avec ses 40 millions de m^3 d'eau l'alimentation des grands centres urbains et industriels de la vallée de l'Arc et de Marseille.

Sommet de Sainte-Victoire
Barrage du Bimont
Pages suivantes: Les quatre saisons de Sainte-Victoire

Arts et Culture

Aix-en-Provence, capitale historique de la Provence a toujours été une ville d'art, de culture et de traditions.

Les fêtes d'hier, comme les jeux de la Fête-Dieu, bien que disparues aujourd'hui, constituent la base sur laquelle se construit la nouvelle identité culturelle de la ville, entre tradition et modernité.

Tout au long de l'année, Aix vit au rythme de ses manifestations, qu'elles rappellent les us et coutumes d'antan ou qu'elles soient délibérément tournées vers la création contemporaine.

Le Festival International d'Art Lyrique

Été 1947 : Gabriel Dussurget descend de Paris avec l'intention de créer en Provence un festival de musique. Il est immédiatement séduit par la cour d'honneur de l'ancien archevêché.

Avec la complicité du peintre Wakhévitch, du peintre-architecte Cassandre, du chef d'orchestre Hans Rosbaud et du casino d'Aix-en-Provence, il crée, en 1948, le premier Don Giovanni de l'histoire du Festival, qui tiendra l'affiche pendant plus de vingt ans. D'emblée, le Festival d'Art Lyrique d'Aix-en-Provence connaît un succès international grâce aux grandes voix qui s'y produisent : Luigi Alva, Gabriel Bacquier, Régine Crespin, Teresa Stich-Randall, Teresa Berganza, Gundula Janovitz… Les décors et les costumes sont dessinés par les plus grands artistes : Balthus intervient pour Cosi Fan Tutte, Malclès pour les Noces de Figaro, Derain pour l'Enlèvement au Sérail et le Barbier de Séville. En 1974, avec Bernard Lefort, le Festival s'ouvre au Bel Canto. Le répertoire italien du XIXe siècle (Verdi, Donizetti) est interprété par des divas confirmées : Sylvia Sass, Marylin Horne, Monserrat Caballé. Avec Louis Erlo, le répertoire baroque retrouve la cour de l'Archevêché. Lully, Campra, Rameau, Purcell et Gluck y rivalisent avec Mozart. Les grands compositeurs du XXe siècle, Prokofiev ou Britten ne sont pas pour autant oubliés. En 1998, Stéphane Lissner reprend en main la gestion du Festival et pour en célébrer le cinquantenaire renoue avec la tradition mozartienne d'Aix.

Groupe « lou farendoulaïre sestian »
Entrée du festival d'art lyrique, théâtre de l'Archevêché

Festivals

Darius Milhaud rêvait « de voir Aix devenir un centre artistique important où se dérouleraient des festivals de musique et de théâtre ». Son vœu semble aujourd'hui réalisé. Aix est incontestablement une capitale culturelle. Nombreux sont les festivals et structures culturelles qui promeuvent l'art dans tous ses états : de la culture identitaire à la danse contemporaine, du théâtre à la musique, du cinéma à l'architecture, de la chanson française à la bande dessinée, la ville est le lieu de toutes les expressions artistiques.

Créé en 1948, le Festival d'Art Lyrique est le doyen des événements aixois. En 1998, il s'est offert une nouvelle jeunesse avec l'Académie Européenne de Musique qui accueille tous les ans à Aix, une centaine d'étudiants qui viennent approfondir leurs techniques vocales, musicales ou de composition.

En 2007, avec le Grand Théâtre de Provence construit par l'architecte piémontais Vittorio Gregotti, Aix se dote d'une salle de 1366 places destinée à accueillir des spectacles lyriques, des concerts symphoniques, de jazz et de variétés ainsi que des spectacles de danse.

Festival d'Aix, Académie Européenne de Musique

La danse est à l'honneur dans le Pavillon Noir construit par Ruddy Ricciotti. Le Ballet Prejlocaj a investi en 2006 ce nouveau temple de la danse et propose tout au long de l'année un programme d'actions de sensibilisation à la danse contemporaine. Les compagnies invitées multiplient les rencontres avec le public en allant le surprendre dans son quotidien.

À Aix, la musique s'installe tous les ans au cœur de la cité avec Aix en Musique dans la rue. En juin, les rues d'Aix résonnent de toutes les musiques pour le plus grand plaisir des mélomanes.

Les amateurs de bandes dessinées ne sont pas en reste avec les Rencontres du 9ème Art, festival de la bande dessinée et autres arts associés qui investit la ville tous les ans de la mi-mars à la mi-avril.

De nombreuses autres manifestations rythment la saison culturelle : le festival Côté Cour, les Nuits d'Été, les Festes d'Orphée, les Nuits Pianistiques, les Concerts d'Aix, le festival Tous Courts, Images de Ville, le festival du Tambourin Provençal sont parmi les principaux.

Rencontre musicale dans les jardins d'Albertas, Danse à Aix, Aix en Musique
Le manège d'Andréa pendant le festival de Bande dessinée d'Aix
Danse provençale par « lou farendoulaïre sestian »

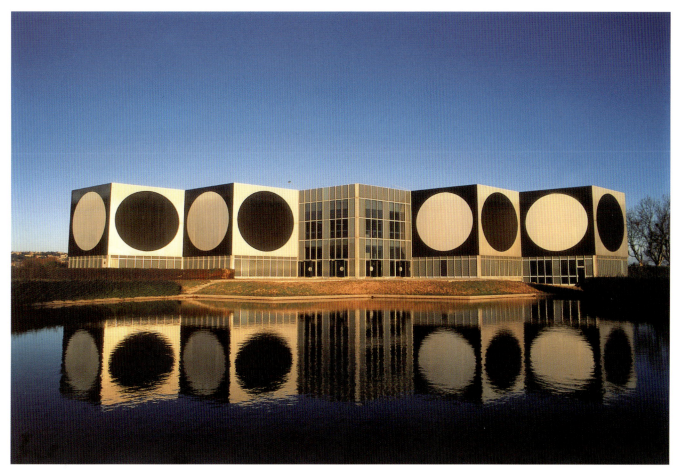

La fondation Vasarely

Créée en 1976 par Victor Vasarely, la fondation présente une architecture d'avant-garde, incarnation du projet architectural et social de l'artiste qui voulait démontrer qu'il est possible d'intégrer l'art à l'architecture, dans le but d'améliorer le cadre de vie. Derrière ses façades à motifs géométriques, noirs et blancs, la fondation propose de découvrir dans sept salles, quarante-deux « intégrations monumentales » réalisées en tapisserie, en métal, en émaux ou en verre, qui sont le fruit d'une collaboration entre l'artiste, l'architecte, les entreprises et les artisans. Vasarely est l'un des promoteurs de l'art cinétique, fondé sur l'introduction du mouvement dans l'art par la motion mécanique de l'oeuvre, la participation du spectateur ou l'illusion d'optique. Son fils Yvaral, plasticien et graphiste s'inscrit dans ce même courant.

La fondation Vasarely est une fondation privée, reconnue d'utilité publique depuis le 27 septembre 1971. Elle est inscrite à l'inventaire supplémentaire des Monuments Historiques depuis le 21 novembre 2003.

Santons

Le Noël provençal est une véritable fête qui se vit dans le respect des traditions. De la Sainte-Barbe où l'on plante le blé, symbole de prospérité à la veillée calendale, où l'on savoure les treize desserts, tout s'orchestre depuis la nuit des temps en fonction d'un même rituel. La crèche et son petit peuple d'argile, font partie de ces traditions. Après avoir dormi toute une année dans leur chambre de carton, enrobés dans leurs draps de papier journal, les santons se réveillent tous les ans en hiver pour assister à la naissance de l'enfant Jésus qui comme tout le monde le sait, est né en Provence. Ces « petits saints » se faufilent sur des tapis de mousse pour être parmi les premiers devant l'étable. Le maire, le curé, le rémouleur, le meunier, le berger, le tambourinaire, les lavandières, la gitane, le chasseur, et même le ravi se précipitent au-devant de la Sainte Famille. Ils sont dix santonniers à Aix et dans le pays d'Aix à donner vie à ces êtres de terre. Leurs ateliers sont ouverts tout au long de l'année et la Foire aux santons qui se tient tous les ans en décembre permet aux amateurs de compléter leur collection.

Santons de la maison Fouque

Calissons

À la question « quelle est la spécialité d'Aix-en-Provence ? », les gourmands répondent : « le calisson ». Cette petite confiserie fait véritablement partie du patrimoine aixois depuis le XVe siècle. Si l'on en croit la tradition, le calisson serait apparu pour la première fois à l'occasion du second mariage du roi René avec Jeanne de Laval. La future reine intimidée et tendue pendant la cérémonie décrocha un sourire en dégustant la douceur qu'un confiseur lui présenta. « De calin soun ! », « ce sont des câlins » aurait-elle déclaré. Pour d'autres, le nom viendrait plus probablement du calice dans lequel ils étaient conservés pendant l'épidémie de peste de 1620 avant d'être distribués en guise d'hostie aux fidèles. La feuille d'hostie est toujours présente dans sa composition. Entre elle et le nappage de sucre glace la pâte est constituée d'amandes mondées et broyées (1/3), de melon confit (2/3) et de sirop de fruit. La fabrication est toujours artisanale.

Bénédiction du calisson d'Aix

Vins

Les coteaux d'Aix-en-Provence s'étendent sur 3 500 hectares et quarante-neuf communes. Ces vins d'Appellation d'Origine Contrôlée (A.O.C.) sont issus du savant mariage de cépages variés et d'un assemblage de qualité. Les rosés puissants et fruités accompagnent merveilleusement bien l'aïoli et l'anchoïade. Les blancs, frais et parfumés se boivent en apéritif et révèlent les saveurs de poissons juste grillés saupoudrés de quelques herbes provençales. Les rouges, aromatiques, se dégustent avec une caillette, une daube, une brouillade de truffes ou un fromage de chèvre. Bon appétit !

Huiles

L'olive, comme l'amande ou le raisin se cultive en Provence depuis l'Antiquité. Les Grecs qui fondèrent Marseille en 600 av. J.-C. ont implanté l'olivier dans nos régions. 300 000 oliviers cultivés dans le Pays d'Aix produisent une huile raffinée élaborée par 2 000 oléiculteurs. Pour faire un litre d'huile, il faut d'abord cueillir cinq kilos d'olives, les amener au moulin où elles seront lavées avant d'être écrasées et réduites en pâte par des meules. Cette pâte malaxée repose ensuite sur des scourtins, en fibre végétale tressée, qui empilés les uns sur les autres rendent leur jus sous la pression d'une presse mécanique.

Gastronomie

Tous ces ingrédients entrent dans la composition de la cuisine provençale. Avant d'être dans nos assiettes se produit l'alchimie qui transforme ces produits du terroir en mets savoureux.
Pour Cézanne, pas de bon repas sans salade de pommes de terre à l'huile d'olive ou de canard aux olives. Sans oublier la brandade de morue concoctée par sa mère, « une véritable ambroisie des dieux » aux dires de Renoir qui a eu la chance d'y goûter, ni la daube mijotée par sa gouvernante, Madame Brémond qui a ravi plus d'un palais.

Les treize desserts de Noël

Pour en savoir plus

◆ **OFFICE DE TOURISME**
2 Place du Général de Gaulle
Tél. 33 (0)4 42 16 11 61
Fax 33 (0)4 42 16 11 62
infos@aixenprovencetourism.com
www.aixenprovencetourism.com

◆ **ATELIER CÉZANNE**
9, av. Paul Cézanne
Tél. 33 (0)4 42 21 06 53
Fax 33 (0)4 42 21 90 34
infos@atelier-cezanne.com
www.atelier-cezanne.com

◆ **MUSÉE GRANET**
Place Saint-Jean de Malte
Tél. 33 (0)4 42 52 88 32

◆ **MUSÉE PAUL ARBAUD**
2, rue du 4 septembre
Tél. 33 (0)4 42 21 97 33
musee.arbaud@free.fr

◆ **MUSÉE DU VIEIL AIX**
17, rue Gaston de Saporta
Tél. 33 (0)4 42 21 43 55

◆ **PAVILLON de VENDÔME**
32, rue Célony
Tél. 33 (0)4 42 21 05 78

◆ **MUSÉE DES TAPISSERIES**
Palais de l'Archevêché
28, place des Martyrs de la Résistance
Tél. 33 (0)4 42 23 09 91

◆ **MUSÉUM D'HISTOIRE NATURELLE**
6, rue Espariat
Tél. 33 (0)4 42 27 91 27
courriel@museum-aix-en-provence.org
www.museum-aix-en-provence.org

◆ **FONDATION SAINT-JOHN PERSE**
Espace culturel Méjanes
Rue des Allumettes
Tél. 33 (0)4 42 91 98 85
fondation.saint.john.perse@wanadoo.fr
www.up.univ-mrs.fr/~wperse/

◆ **FONDATION VASARELY**
1, av. Marcel Pagnol, Jas de Bouffan
(sortie autoroute Aix-Ouest)
Tél. 33 (0)4 42 20 01 09
fondationvasarely@fondationvasarely.fr
www.fondationvasarely.fr

◆ **OPPIDUM D'ENTREMONT**
3 km au nord d'Aix
Tél. 33 (0)4 42 63 13 20
Gardien : 33 (0)4 42 21 97 33
www.entremont.culture.gouv.fr

◆ **SITE MÉMORIAL DES MILLES**
2, rue Adrien Duberc - 13290 Les Milles
Tél. 33 (0)4 42 24 33 02
www.campdesmilles.org

◆ **HÔTELS PARTICULIERS**

Hôtel d'Estienne de Saint-Jean
17, rue Gaston de Saporta

Hôtel de Châteaurenard
19, rue Gaston de Saporta

Hôtel de Grimaldi-Régusse
puis de Boyer de Fonscolombe (1743)
puis de Vitrolles
21, rue Gaston de Saporta

Hôtel des Maynier d'Oppède
puis des Forbin d'Oppède
puis des Thomassin de Saint-Paul
23, rue Gaston de Saporta

Monument Joseph Sec
6, avenue Pasteur

Muséum d'Histoire Naturelle
6, rue Espariat

Hôtel de Séguiran
puis d'Albertas
10, rue Espariat

Hôtel d'Agut
2, Place des Prêcheurs

Théâtre du Jeu de Paume
17, rue de l'Opéra

Hôtel d'Antoine
puis de Lestang-Parade
18, rue de l'Opéra

Musée Arbaud
2a, rue du 4 septembre

Collège Mignet
41, rue Cardinale

Hôtel de Réauville ou de Caumont
1, rue Joseph Cabassol

Passage Agard
55, cours Mirabeau

Café des Deux Garçons
53b, cours Mirabeau

Hôtel Maurel de Pontevès
puis d'Espagnet
38, cours Mirabeau

Hôtel d'Arbaud-Jouques
19, cours Mirabeau

Hôtel du Poët
en tête du cours Mirabeau

Ancienne chapelle des Carmélites
place Forbin

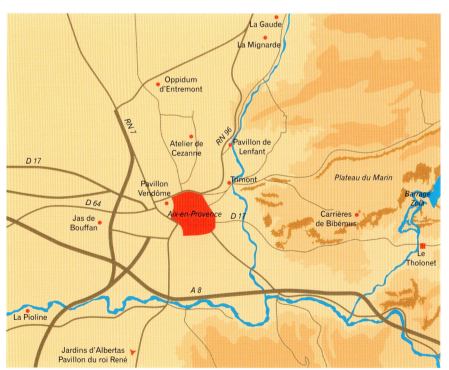

Les auteurs adressent leurs plus vifs remerciements à :
- Nuria Nin, Mission archéologie
- Bernard Terlay, Musée Granet
- Henri Pons, Office de Tourisme
- ainsi qu'aux conservateurs des musées d'Aix-en-Provence, aux propriétaires d'hôtels particuliers et de bastides et artisans du geste et du goût qui les ont chaleureusement accueillis.

Crédit photographique
- Bernard Terlay/Musée Granet : p. 8, 12, 54 à 59

Les auteurs
- Après avoir étudié l'histoire de l'art et l'archéologie à l'université de Provence sous la conduite de Jean-Jacques Gloton et de Gabrielle Démians d'Archimbaud, Michel Fraisset a enseigné l'histoire de l'art pendant deux ans.
De 1989 à 1997 il occupe le poste de directeur des Affaires Culturelles de la Ville de Pertuis avant d'être nommé directeur de l'Atelier Cézanne, il est également adjoint de direction et directeur de la communication de l'Office de Tourisme d'Aix.
Avec ce livre, richement illustré de photographies de Christophe Duranti, Michel Fraisset souhaite vous faire partager sa passion pour Aix-en-Provence.

- Photographe illustrateur depuis plus de dix ans, Christophe Duranti est devenu l'un des professionnels les plus inspiré de sa génération et collabore régulièrement avec l'édition, la presse, ...
Après plusieurs ouvrages édités sur la Provence, la Côte d'Azur, le Sud-Ouest ou encore Anduze et son célèbre vase, il partage avec nous ses émotions sans cesse renouvelées à l'égard de sa ville natale.
www.christophe-duranti.com

Achevé d'imprimer
dans la Communauté Européenne en juillet 2007